工业互联网平台之智能制造

党争奇 —— 编著

图解 7S 管理实战

双色精华版

化学工业出版社

·北京·

《图解7S管理实战（双色精华版）》是一本基于工业互联网与智能制造如何在企业落地，而对企业运作的每个环节、每个节点进行设计规划的实操手册。从开展7S活动的认识、7S活动推广的步骤，整理、整顿、清扫、清洁、素养、安全、节约的实施这9个章节进行介绍。不仅为企业管理人员提供了使用的工作思路和管理模板，还为其开展工作提供了重要的参考资料。

图书在版编目（CIP）数据

图解7S管理实战：双色精华版 / 党争奇编著. — 北京：化学工业出版社，2020.1
（工业互联网平台之智能制造系列）
ISBN 978-7-122-34087-0

Ⅰ. ①图… Ⅱ. ①党… Ⅲ. ①企业管理-图解 Ⅳ. ①F272-64

中国版本图书馆CIP数据核字（2019）第049599号

责任编辑：刘　丹　　　　　　　　　　　　美术编辑：王晓宇
责任校对：张雨彤　　　　　　　　　　　　装帧设计：水长流文化

出版发行：化学工业出版社（北京市东城区青年湖南街13号　邮政编码100011）
印　　装：中煤（北京）印务有限公司
787mm×1092mm　1/16　印张17¼　字数302千字　2020年1月北京第1版第1次印刷

购书咨询：010-64518888　　　　　　　　　售后服务：010-64518899
网　　址：http://www.cip.com.cn
凡购买本书，如有缺损质量问题，本社销售中心负责调换。

定　　价：68.00元　　　　　　　　　　　　　　　　　版权所有　违者必究

前言

当前，全球制造业正加快迈向数字化、智能化时代，智能制造对制造业竞争力的影响越来越大。大力推动工业互联网创新发展，深入实施智能制造工程，深化制造业与互联网融合发展，推进人工智能产业创新，抓好大数据产业促进工业大数据发展和应用等，是我们推动企业创新转型升级、注入新动力的有力保障。

在大数据时代、智慧（智能）工厂、精益制造、信息自动化、运营数据化、供应链管理、智能创新等字眼满天飞的时代，企业往往需要制订出一份实行智能制造的计划书，借助工业互联网平台，逐步去完善推进。

工业互联网作为我国经济的新驱动力，它的发展离不开人工智能、大数据、云计算等新兴技术在传统产业中的应用推广，也离不开科技巨头的引领。

我国目前已经开始把以5G、人工智能、工业互联网、物联网为代表的"科技新基建"作为经济增长的重要引擎之一，预计未来几年底层基础设施投资力度将显著增强。

那么企业该如何借助工业互联网平台，从何处入手实现智能制造呢？首先，要明白工业互联网的概念、实施的途径；其次，确定好两个主题：一是智能工厂，二是智能生产；最后，确定好该主题的实现途径。

企业要根据工业互联网的理念设计一套符合自身企业发展的全新管理运作模式，紧贴智能制造的核心。要实现"智能制造"，就要以市场为导向，以客户为核心，从客户端开始，再到客户端结束，进行全新的管理运作模式设计，做好每个节点。要制定从客户需求提出，到设计试制、下单、物流供应、零部件和模具供应，从生产排程、现场管理、生产组装、过程监控、品质确认，到仓储保管、物流运输、收货确认、最终回款的一套智能制造解决方案。

借助工业互联网平台实现智能制造，就要建立信息物理网（CPS），它是虚拟世界和现实世界在工业领域应用中的高度融合，是工厂、机器、生产资料和人通过网络技术的高度联结。CPS是实现智能制造的基础，没有CPS的支撑，智能工厂、智能制造都是空中楼阁。要实现三项集成，集成是实现智能工厂的技术途径，集成的目标是：使人与人、人与机器、机器与机器以及服务与服务之间能够互联，从而实现纵向、横向和端对端的高度集成。要进行大数据分析，数据会渗透到企业运营、价值链乃至产品的整个生命周期，是智能制造的基石；TPM、TQM、IE、5S都是智能制造实现的基础工作，有效实施TPM、TQM、IE、5S可以帮助企业在不需要资本投入的条件下，实现成本降低和效率大幅度提升。

《图解7S管理实战（双色精华版）》是一本基于工业互联网与智能制造如何在企业落地，而对于企业运作的每个环节、每个节点进行设计规划的实操手册，内容全面而实用。本书主要由导读部分和开展7S活动的认识、7S活动推广的步骤、整理（SEIRI）的实施、整顿（SEITON）的实施、清扫（SEISO）的实施、清洁（SEIKETSU）的实施、素养（SHITSUKE）的实施、安全（SAFETY）的实施、节约（SAVING）的实施9个章节组成。

本书采用模块化设置，内容实用性强，着重突出可操作性，不仅为企业管理人员提供了实用的工作思路和管理模板，还为其开展工作提供了重要的参考资料。

由于编者水平有限，加之时间仓促、参考资料有限，书中难免出现疏漏与缺憾，敬请读者批评指正。

编者

导读 Guide 如何借助工业互联网平台实现智能制造 / 1

0.1 何谓工业互联网 / 1

0.2 智能制造 / 1
  0.2.1 智能工厂的基本特征 / 2
  0.2.2 智能工厂的框架体系 / 4

0.3 工业互联网与智能制造的关系 / 9

0.4 工业互联网与智能制造的实现途径 / 10
  0.4.1 建立信息物理网（CPS）/ 10
  0.4.2 实现三项集成 / 12
  0.4.3 大数据分析 / 14

0.5 实现工业互联网与智能制造的基础工作 / 15

1 Chapter 开展7S活动的认识 / 17

1.1 7S概述 / 18
  1.1.1 7S的起源 / 18
  1.1.2 7S活动的内容 / 19
  1.1.3 7S之间的关系 / 21

1.2 实施7S的必要性 / 21

1.2.1 生产现场的常见症状 / 21
1.2.2 实施7S的好处 / 23

Chapter 2
7S活动推广的步骤 / 26

2.1 对企业的现状进行诊断 / 27
2.1.1 自我评估与诊断标准 / 27
2.1.2 诊断检查表 / 28
2.1.3 现场诊断的结果分析 / 34
> 范本 7S现状诊断报告 / 34

2.2 成立推行组织 / 36
2.2.1 推行委员会的职责 / 36
2.2.2 责任人签下7S推行责任书 / 37
> 范本 7S管理推行承诺书 / 37
> 范本 7S管理推行承诺书（推行小组成员）/ 38
> 范本 7S管理项目推行责任状（项目负责人）/ 39

2.3 制订7S推行计划 / 40
2.3.1 初次推行计划 / 40
> 范本 某公司7S推行进度计划（甘特图）/ 40
2.3.2 循环推行计划 / 41
> 范本 7S管理持续推行计划表（每季度一次循环）/ 42

2.4 宣传造势、教育训练 / 43
2.4.1 活动前的宣传造势 / 43
> 范本 7S活动标语集锦 / 44
> 范本 7S系列标语/横幅/袖章制作清单 / 45
2.4.2 教育训练与考核 / 49

2.5 建立7S活动样板区 / 49
- 2.5.1 开展样板区7S活动的程序 / 49
- 2.5.2 样板区的选择 / 50
- 2.5.3 样板区的活动重点 / 51
- 2.5.4 样板区7S活动效果确认及总结报告 / 51

2.6 全面推进7S活动 / 52

2.7 7S活动日常检查与评比活动 / 52
- 2.7.1 检查与评比的活动方式 / 52
- 2.7.2 制定检查评分标准 / 53
  - 范本 办公区7S检查评分标准表 / 53
  - 范本 车间7S检查评分标准表 / 54
- 2.7.3 实施检查 / 56
- 2.7.4 检查后的处理 / 56
- 2.7.5 评比分析报告 / 57
  - 范本 ××年度各车间7S检查内容汇总及简析 / 57
- 2.7.6 评比结果的运用 / 58

2.8 7S活动评审 / 58
- 2.8.1 制定7S审核评分标准 / 58
  - 范本 办公区7S内审评分标准 / 59
  - 范本 作业区7S内审评分标准 / 63
- 2.8.2 制定内部审核评分表 / 68
  - 范本 车间7S内审评分表 / 68
  - 范本 办公室7S内审评分表 / 71
- 2.8.3 实施审核 / 72
  - 范本 现场7S不符合项图片示例 / 73
- 2.8.4 实施状况跟踪 / 74
  - 范本 7S跟踪检查报告 / 77
  - 范本 7S改善方案及执行报告 / 78

2.9 定期调查以调整方向 / 79

 2.9.1 调查方式 / 79

  范本 7S推行调查问卷 / 80

 2.9.2 要出具调查报告 / 81

  范本 7S推行调查问卷统计分析报告（模板）/ 81

Chapter 3 整理（SEIRI）的实施 / 83

3.1 整理概述 / 84

 3.1.1 开展整理活动可避免的问题 / 84

 3.1.2 整理的作用 / 84

 3.1.3 整理的过程 / 85

3.2 整理的执行要点 / 85

 3.2.1 制定整理三大基准 / 85

 3.2.2 现场检查 / 88

 3.2.3 定点摄影 / 89

 3.2.4 非必需品的清理与判定 / 91

 3.2.5 非必需品的处理 / 94

 3.2.6 对整理进行评估 / 95

Chapter 4 整顿（SEITON）的实施 / 98

4.1 整顿概述 / 99

 4.1.1 整顿的作用 / 99

 4.1.2 整顿的执行流程 / 100

4.2 整顿的执行要点 / 101

 4.2.1 整顿的关键在三定 / 101

 4.2.2 识别工作区域 / 105

4.2.3　整顿的具体操作／110

范本　整理整顿作业指引／123

5 Chapter
清扫（SEISO）的实施／129

5.1　清扫概述／130

5.1.1　清扫不充分可能带来的影响／130
5.1.2　清扫的好处／131
5.1.3　清扫实施的工作程序／132

5.2　清扫活动的执行／132

5.2.1　确定清扫的对象／132
5.2.2　清扫前的准备工作要做足／133
5.2.3　实施清扫工作／138
5.2.4　检查清扫结果／141
5.2.5　调查脏污的来源，彻底根除／145

6 Chapter
清洁（SEIKETSU）的实施／147

6.1　清洁概述／148

6.1.1　清洁标准的三要素／148
6.1.2　清洁实施的工作程序／148

6.2　清洁的执行／149

6.2.1　3S检查／149
6.2.2　设定"责任者"，加强管理／150
6.2.3　坚持实施5分钟3S活动／150
6.2.4　3S目视化／152
6.2.5　适时深入培训／152
6.2.6　3S标准化／153

附录／154

7 Chapter
素养（SHITSUKE）的实施／161

7.1 继续推动前5S活动／162

7.2 制定相关的规章制度并严格执行／162

7.3 制定员工素养活动手册／163

　　范本　员工素养活动手册／163

7.4 加强员工教育培训／177

　　7.4.1　岗前培训／177
　　7.4.2　在岗培训／178

7.5 开展各种提升的活动／178

　　7.5.1　早会／178
　　　　范本　每日早会管理制度／179
　　7.5.2　征文比赛／180
　　　　范本　关于开展7S征文大赛的通知／180
　　7.5.3　7S知识竞赛活动／181
　　　　范本　"7S"知识竞赛活动方案／181
　　7.5.4　7S之星评选活动／183
　　　　范本　"7S之星"评选方案／183

8 Chapter
安全（SAFETY）的实施／185

8.1 建立安全生产管理信息系统／186

　　8.1.1　建设目标／186
　　8.1.2　建设任务／186
　　8.1.3　系统的功能架构／187
　　8.1.4　系统接口／187
　　8.1.5　安全管理系统的功能模块／188

8.1.6 安全管理系统的设计要点 / 189

8.2 安全（SAFETY）的执行要点 / 200

8.2.1 将安全责任落实到位 / 200

范本 安全生产第一责任人任命书 / 201

范本 部门主管安全生产责任书 / 202

范本 领班、班组长安全生产责任书 / 203

范本 ＿＿＿部员工安全生产责任书 / 204

8.2.2 安全教育要执行彻底 / 205

8.2.3 保证作业环境安全 / 212

8.2.4 安全检查要变成经常性的活动 / 213

范本 2019年安全检查计划 / 215

8.2.5 员工劳动防护用品不可缺 / 225

范本 某企业防护用品配置周期及标准 / 227

8.2.6 现场安全管理目视化 / 228

8.2.7 对危险源进行识别与控制 / 234

范本 某企业工业安全隐患风险评价表 / 236

Chapter 9 节约（SAVING）的实施 / 238

9.1 建立EMS能源管理系统 / 239

9.1.1 何谓企业能源管理系统（EMS）/ 239

9.1.2 能源监控的基本要求 / 240

9.1.3 能源管理系统主要实现功能技术要求 / 241

范本 某工厂能源管理系统建设方案 / 247

9.2 消灭浪费 / 249

9.2.1 找出浪费 / 249

9.2.2 进行现场改善 / 252

9.2.3 从细节上杜绝浪费 / 252

9.3 开展节能降耗活动 / 255

9.3.1 对消耗品采取以旧换新方法 / 255
范本 以旧换新之消耗品管制办法 / 255

9.3.2 开展修旧利废活动 / 257
范本 某企业修旧利废申请及验收单 / 258
范本 修旧利废实施细则 / 259

9.3.3 加强节能降耗教育 / 260
范本 行政部节能环保规定 / 261

9.3.4 采用先进的技术成果节约能源 / 263

导读

如何借助工业互联网平台实现智能制造

0.1 | 何谓工业互联网

工业互联网是全球工业系统与高级计算、分析、感应技术以及互联网连接融合的结果。工业互联网通过智能机器间的连接并最终将人机连接，结合软件和大数据分析，重构全球工业，激发生产力，让世界更美好、更快速、更安全、更清洁且更经济。

工业互联网首先是全面互联，在全面互联的基础上，通过数据流动和分析，形成智能化变革，形成新的模式和新的业态。互联是基础，工业互联网是工业系统的各种元素互联起来，无论是机器、人还是系统。

互联解决了通信的基本，更重要的是数据端到端的流动，跨系统的流动，在数据流动技术上充分分析、建模。伯特认为智能化生产、网络化协同、个性化定制、服务化延伸是在互联的基础上，通过数据流动和分析，形成新的模式和新的业态。

这是工业互联网的基理，比现在的互联网更强调数据，更强调充分的连接，更强调数据的流动和集成以及分析和建模，这和互联网是有所不同的。工业互联网的本质是要有数据的流动和分析。

总而言之，工业互联网如同一座无形的桥梁，连接着人、机、物，推动制造走向智造。

0.2 | 智能制造

智能制造是以智能加工与装配为核心的，同时覆盖面向智能加工与装配的设计、服务及管理等多个环节。智能工厂中的全部活动大致可以从产品设计、生产制造及供应链三个维度来描述。在这些维度中，如果所有的活动均能在赛博空间中得到充分的数据支持、过程优化与验证，同时在物理系统中能够实时地执行活动并与赛博空间进行深度交互，这样的工厂可称为智能工厂。

0.2.1 智能工厂的基本特征

与传统的数字化工厂、自动化工厂相比，智能工厂具备以下几个突出特征。

0.2.1.1 制造系统的集成化

作为一个高层级的智能制造系统，智能工厂表现出鲜明的系统工程属性，具有自循环特性的各技术环节与单元按照功能需求组成不同规模、不同层级的系统，系统内的所有元素均是相互关联的。在智能工厂中，制造系统的集成主要体现在以下两个方面，具体如图0-1所示。

企业数字化平台的集成	在智能工厂中，产品设计、工艺设计、工装设计与制造、零部件加工与装配、检测等各制造环节均是数字化的，各环节所需的软件系统均集成在同一数字化平台中，使整个制造流程完全基于单一模型驱动，避免了在制造过程中因平台不统一而导致的数据转换等过程
虚拟工厂与真实制造现场的集成	基于全资源的虚拟制造工厂是智能工厂的重要组成部分，在产品生产之前，制造过程中所有的环节均在虚拟工厂中进行建模、仿真与验证。在制造过程中，虚拟工厂管控系统向制造现场传送制造指令，制造现场将加工数据实时反馈至管控系统，进而形成对制造过程的闭环管控

图0-1 制造系统的集成主要体现

0.2.1.2 决策过程的智能化

传统的人机交互中，作为决策主体的人支配"机器"的行为，而智能制造中的"机器"因部分拥有、拥有或扩展人类智能的能力，使人与"机器"共同组成决策主体，在同一信息物理系统中实施交互，信息量和种类以及交流的方法更加丰富，从而使人机交互与融合达到前所未有的深度。

制造业自动化的本质是人类在设备加工动作执行之前，将制造指令、逻辑判断准则等预先转换为设备可识别的代码并将其输入到制造设备中。此时，制造设备可根据代码自动执行制造动作，从而节省了此前在制造机械化过程中人类的劳动。在此过程中，人是决策过程的唯一主体，制造设备仅仅是根据输入的指令自动地执行制造过程，而并不具备如判断、思维等高级智能化的行为能力。在智能工厂中，"机器"具有不同程度的感知、分析与决策能力，它们与人共同构成决策主体。在"机器"的决策过程中，人类向制造设备输入决策规则，"机器"基于这些规则与制造数据自动执行决策过程，这样可将由人为因素造成的决策失误降至最低。与此同时，在决策过程中形成的知识可作为后续制造决策的原始依据，进而使决策知识库得到不断优化与拓展，从而不断提升智能制造系统的智能化水平。

0.2.1.3 加工过程的自动化

车间与生产线中的智能加工单元是工厂中产品制造的最终落脚点，智能决策过程中形成的加工指令全部将在加工单元中得以实现。为了能够准确、高效地执行制造指令，数字化、自动化、柔性化是智能制造单元的必备条件。

首先，智能加工单元中的加工设备、检验设备、装夹设备、储运设备等均是基于单一数字化模型驱动的，这避免了传统加工中由于数据源不一致而带来的大量问题。

其次，智能制造车间中的各种设备、物料等大量采用如条码、二维码、RFID等识别技术，使车间中的任何实体均具有唯一的身份标识，在物料装夹、储运等过程中，通过对这种身份的识别与匹配，实现了物料、加工设备、刀具、工装等的自动装夹与传输。

最后，智能制造设备中大量引入智能传感技术，通过在制造设备中嵌入各类智能传感器，实时采集加工过程中机床的温度、振动、噪声、应力等制造数据，并采用大数据分析技术来实时控制设备的运行参数，使设备在加工过程中始终处于最优的效能状态，实现设备的自适应加工。例如，传统制造车间中往往存在由于地基沉降而造成的机床加工精度损失，通过在机床底脚上引入位置与应力传感器，即可检测到不同时段地基的沉降程度，据此，通过对机床底角的调整即可弥补该精度损失。此外，通过对设备运行数据的采集与分析，还可总结在长期运行过程中，设备加工精度的衰减规律、设备运行性能的演变规律等，通过对设备运行过程中各因素间的耦合关系进行分析，可提前预判设备运行的异常，并实现对设备健康状态的监控与故障预警。

0.2.1.4 服务过程的主动化

制造企业通过信息技术、网络化技术的应用，根据用户的地理位置、产品运行状态等信息，为用户提供产品在线支持、实时维护、健康监测等智能化功能。这种服务与传统的被动服务不同，它能够通过对用户特征的分析，辨识用户的显性及隐性需求，主动为用户推送高价值的资讯与服务。此外，面向服务的制造将成为未来工厂建设中的一种趋势，集成广域服务资源的行业务联网将越来越智能化、专业化，企业对用户的服务将在很大程度上通过若干联盟企业间的并行协同实现。对用户而言，所体验到的服务的高效性与安全性也随之提升，这也是智能工厂服务过程的基本特点。智能工厂中的主动化服务如图0-2所示。

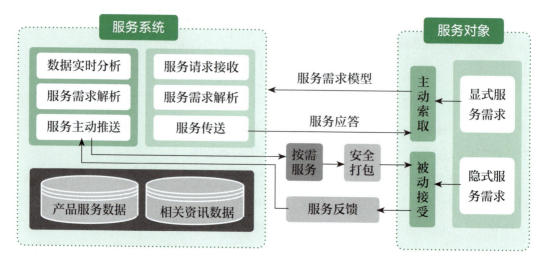

图0-2　智能工厂中的主动化服务

0.2.2　智能工厂的框架体系

智能工厂由赛博空间中的虚拟数字工厂和物理系统中的实体工厂共同构成。其中，实体工厂部署有大量的车间、生产线、加工装备等，为制造过程提供硬件基础设施与制造资源，也是实际制造流程的最终载体；虚拟数字工厂则是在这些制造资源以及制造流程的数字化模型基础上，在实体工厂的生产之前，对整个制造流程进行全面的建模与验证。为了实现实体工厂与虚拟数字工厂之间的通信与融合，实体工厂的各制造单元中还配备有大量的智能元器件，用于制造过程中的工况感知与制造数据采集。在虚拟制造过程中，智能决策与管理系统对制造过程进行不断的迭代优化，使制造流程达到最优；在实际制造中，智能决策与管理系统则对制造过程进行实时的监控与调整，进而使得制造过程体现出自适应、自优化等智能化特征。

由上述可知，智能工厂的基本框架体系中包括智能决策与管理系统、企业虚拟制造平台、智能制造车间等关键组成部分，如图0-3所示。

图0-3 智能工厂基本框架

0.2.2.1 智能决策与管理系统

智能决策与管理系统如图0-4所示,是智能工厂的管控核心,负责市场分析、经营计划、物料采购、产品制造以及订单交付等各环节的管理与决策。通过该系统,企业决策者能够掌握企业自身的生产能力、生产资源以及所生产的产品,能够调整产品的生产流程与工艺方法,并能够根据市场、客户需求等动态信息作出快速、智能的经营决策。

一般而言,智能决策与管理系统包含了企业资源计划(ERP)、产品全生命周期管理(PLM)、供应链管理(SCM)等一系列生产管理工具。在智能工厂中,这些系统工具的最突出特点在于:一方面能够向工厂管理者提供更加全面的生产数据以及更加有效的决策工具,相较于传统工厂,在解决企业产能、提升产品质量、降低生产成本等方面,能够发挥更加显著的作用;另一方面,这些系统工具自身已达到了不同程度的智能化水平,在辅助工厂管理者进行决策的过程中,能够切实提升企业生产的灵活性,进而满足不同用户的差异化需求。

0.2.2.2 企业数字化制造平台

企业数字化制造平台需要解决的问题是如何在信息空间中对企业的经营决策、生产计划、制造过程等全部运行流程进行建模与仿真,并对企业的决策与制造活动的执行进行监控与优化。这其中的关键因素包括以下两点。

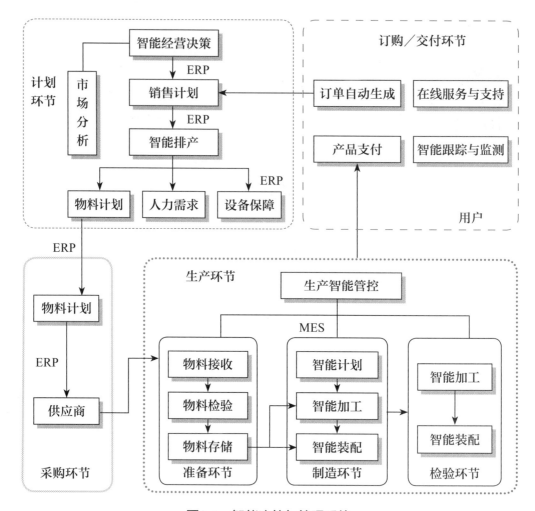

图0-4 智能决策与管理系统

（1）制造资源与流程的建模与仿真。在建模过程中，需要着重考虑智能制造资源的三个要素，即实体、属性和活动。实体可通俗地理解为智能工厂中的具体对象。属性是在仿真过程中实体所具备的各项有效特性。智能工厂中各实体之间相互作用而引起实体的属性发生变化，这种变化通常可用状态的概念来描述。智能制造资源通常会由于外界变化而受到影响。这种对系统的活动结果产生影响的外界因素可理解为制造资源所处的环境。在对智能制造资源进行建模与仿真时，需要考虑其所处的环境，并明确制造资源及其所处环境之间的边界。

（2）建立虚拟平台与制造资源之间的关联。通过对制造现场实时数据的采集与传输，制造现场可向虚拟平台实时反馈生产状况。其中主要包括生产线、设备的运行状态，在制品的生产状态，过程中的质量状态，物料的供应状态等。在智能制造模式下,数据形式、种类、维度、精细程度等将是多元化的,因此,数据的采集、存储与反馈也需要与之相适应。

在智能制造模式下,产品的设计、加工与装配等各环节与传统的制造模式均存在明显不同。因此,企业数字化制造平台必须适应这些变化,从而满足智能制造的应用需求。

① 智能制造的产品设计。在面向智能制造的产品设计方面,企业数字化制造平台应提供以下两方面的功能:首先,能够将用户对产品的需求以及研发人员对产品的构想建成虚拟的产品模型,完成产品的功能性能优化,通过仿真分析在产品正式生产之前保证产品的功能性能满足要求,减少研制后期的技术风险;其次,能够支持建立满足智能加工与装配标准规范的产品全三维数字化定义,使产品信息不仅能被制造工程师所理解,还能够被各种智能化系统所接收,并被无任何歧义地理解,从而能够完成各类工艺、工装的智能设计和调整,并驱动智能制造生产系统精确、高效、高质量地完成产品的加工与装配。

② 智能加工与装配。在智能加工与装配方面,传统制造中人、设备、加工资源等之间的信息交换并没有统一的标准,而数据交换的种类与方式通常是针对特定情况而专门定制的,这导致了制造过程中将出现大量的耦合,系统的灵活性受到极大的影响。例如,在数控程序编制过程中,工艺人员通常将加工程序指定到特定的机床中,由于不同机床所使用的数控系统不同,数控程序无法直接移植到其他机床中使用,若当前机床上被指定的零件过多,则容易出现被加工零件需要等待,而其他机床处于空闲状态的情况。

随着制造系统智能化程度的不断提升,智能加工与装配中的数据将是基于统一的模型,不再针对特定系统或特定设备,这些数据可被制造系统中的所有主体所识别,并能够通过自身的数据处理能力从中解析出具体的制造信息。例如,智能数控加工设备可能不再接收数控程序代码,而是直接接收具有加工信息的三维模型,根据模型中定义的被加工需求,设备将自动生成最优化的加工程序。这样的优势在于:一方面,工艺设计人员不再需要指定特定机床,因此加工工艺数据具有通用性;另一方面,在机床内部生成的加工程序是最适合当前设备的加工代码,进而可以实现真正的自适应加工。

0.2.2.3 智能制造车间

智能制造车间及生产线是产品制造的物理空间,其中的智能制造单元及制造装备提供实际的加工能力。各智能制造单元间的协作与管控由智能管控及驱动系统实现。智能制造车间基本构成如图0-5所示。

（1）车间中央管控系统。车间中央管控系统是智能加工与装配的核心环节，主要负责制造过程的智能调度、制造指令的智能生成与按需配送等任务。在制造过程的智能调度方面，需根据车间生产任务，综合分析车间内设备、工装、毛料等制造资源，按照工艺类型及生产计划等将生产任务实时分派到不同的生产线或制造单元，使制造过程中设备的利用率达到最高。在制造指令的智能生成与按需分配方面，面向车间内的生产线及生产设备，根据生产任务自动生成并优化相应的加工指令、检测指令、物料传送指令等，并根据具体需求将其推送至加工设备、检测装备、物流系统等。

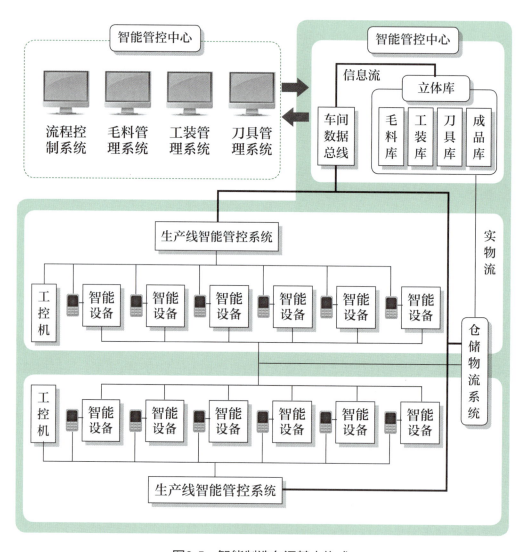

图0-5　智能制造车间基本构成

（2）智能生产线。智能生产线可实时存储、提取、分析与处理工艺、工装等各类制造数据，以及设备运行参数、运行状态等过程数据，并能够通过对数据的分析实时调整设备运行参数、监测设备健康状态等，并据此进行故障诊断、维护报警等行为，对于生产线内难以自动处理的情况，还可将其向上传递至车间中央管控系统。此外，生产线内不同的制造单元具有协同关系，可根据不同的生产需求对工装、毛料、刀具、加工方案等进行实时优化与重组，优化配置生产线内各生产资源。

（3）智能制造装备。从逻辑构成的角度，智能制造装备由智能决策单元、总线接口、制造执行单元、数据存储单元、数据接口、人机交互接口以及其他辅助单元构成。其中，智能决策单元是智能设备的核心，负责设备运行过程中的流程控制、运行参数计算以及设备检测维护等；总线接口负责接收车间总线中传输来的作业指令与数据，同时负责设备运行数据向车间总线的传送。制造执行单元由制造信息感知系统、制造指令执行系统以及制造质量测量系统等构成；数据存储单元用于存储制造过程数据以及制造过程决策知识；数据接口分布于智能设备的各个组成模块之间，用于封装、传送制造指令与数据；人机交互接口负责提供人与智能设备之间传递、交换信息的媒介和对话接口；辅助单元主要是指刀具库、一体化管控终端等。

（4）仓储物流系统。智能制造车间中的仓储物流系统主要涉及到AGV/RGV系统、码垛机以及立体仓库等。AGV/RGV系统主要包括地面控制系统及车载控制系统。其中，地面控制系统与车间中央管控系统实现集成，主要负责任务分配、车辆管理、交通管理及通信管理等，车载控制系统负责AGV/RGV单机的导航、导引、路径选择、车辆驱动及装卸操作等。

码垛机的控制系统是码垛机研制中的关键。码垛机控制系统主要是通过模块化、层次化的控制软件来实现码垛机运动位置、姿态和轨迹、操作顺序及动作时间的控制，以及码垛机的故障诊断与安全维护等。

立体化仓库由仓库建筑体、货架、托盘系统、码垛机、托盘输送机系统、仓储管理与调度系统等组成。其中，仓储管理与调度系统是立体仓库的关键，主要负责仓储优化调度、物料出入库、库存管理等。

0.3 | 工业互联网与智能制造的关系

工业互联网是我们传统工业变革的一种工具，是把互联网技术和思维模式引入到我们传统行业的生产组织当中去。在我们的日常生产中，人、设备、产品、物料等时刻都在产生海量的数据信息，工业互联网使海量的数据信息传递、集成、挖掘成为可能。而智能制造是实现的结果，是目标；实现智能制造是一个长期的过程，一般来说需要先实现制造的自动化、信息化，最终走向智能化。

工业互联网与智能制造从表面论述看各有侧重，一个侧重于工业服务，一个侧重于工业制造，但究其本质都是实现智能制造与智能服务，具体就是个性化定制，服务延伸化。

由此我们可以看出工业互联网与智能制造只是在侧重点上面有着不同，工业互联网主要是由工业平台为企业提供定制化的服务，帮助企业上云。智能制造则是全球工业的终极目标，让全球的工厂都可以实现自动化。现在工业互联网革命已经开始，在过去的十年，互联网技术已经应用于工业生产的过程中，随着工业互联网的不断发展，工业互联网相关产业也将得到快速发展。

0.4 工业互联网与智能制造的实现途径

0.4.1 建立信息物理网（CPS）

信息物理网（CPS）是虚拟世界和现实世界在工业领域应用中的高度融合，是工厂、机器、生产资料和人通过网络技术的高度联结。CPS是实现工业4.0的基础，没有CPS的支撑，智能工厂、智能制造都是空中楼阁。

0.4.1.1 智慧工厂的布局

智慧工厂的布局如图0-6所示。

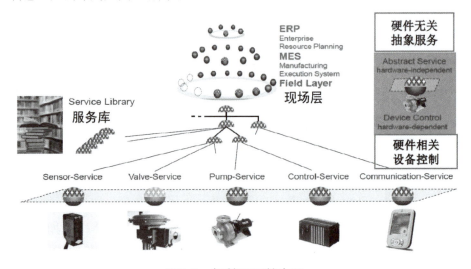

图0-6 智慧工厂的布局

服务包括传感器服务、控制服务、通信服务、校验服务、信息服务等，整个CPS网络系统就是一个服务连接的网络，即是"务联网"的概念。

服务的概念即是SOA的核心，SOA（Service-oriented architecture）即面向服务的架构，一种业务驱动的IT架构方式，一个组件模型，支持对业务进行整合，它将应用程序的相同功能单元（称为服务）通过这些服务之间定义良好的接口和契约联系起来（如图0-7所示）。它是一种架构、方法、思想、标准，它使企业的业务标准化、服务化、组件化。

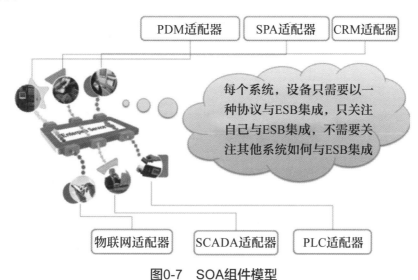

图0-7　SOA组件模型

0.4.1.2　CPS网络物理模型

CPS网络物理模型如图0-8所示。

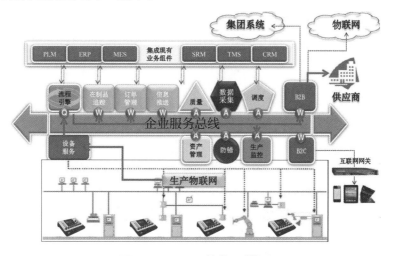

图0-8　CPS网络物理模型

CPS网络架构与SOA架构的映射如图0-9所示。

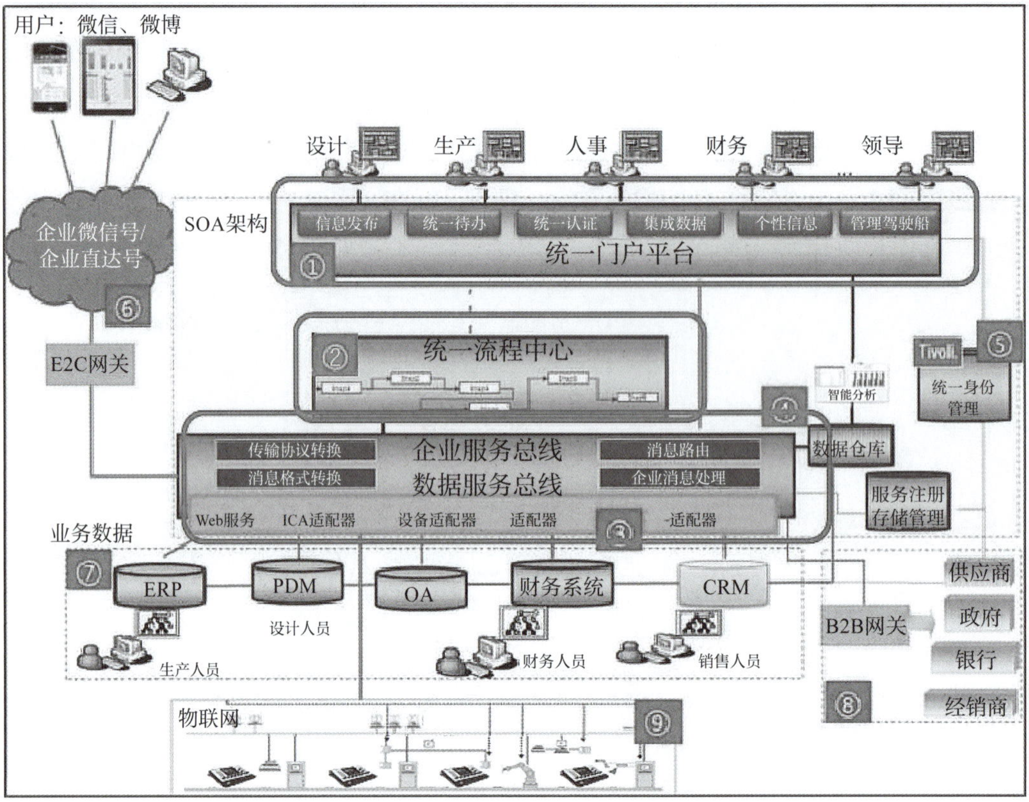

图0-9 CPS网络架构与SOA架构的映射

0.4.2 实现三项集成

集成是工业4.0的关键词，集成是实现智能工厂的技术途径。集成的目标是：使人与人、人与机器、机器与机器以及服务与服务之间能够互联，从而实现纵向、横向和端到端的高度集成。

0.4.2.1 纵向集成

纵向集成就是解决企业内部信息孤岛的集成，工业4.0所要追求的就是在企业内部实现所有环节信息无缝链接，这是所有智能化的基础。如图0-10所示。

0.4.2.2 横向集成

横向集成是企业之间通过价值链以及信息网络所实现的一种资源整合，是为了实现各企业间的无缝合作，提供实时产品与服务。如图0-11所示。

导 读 Guide

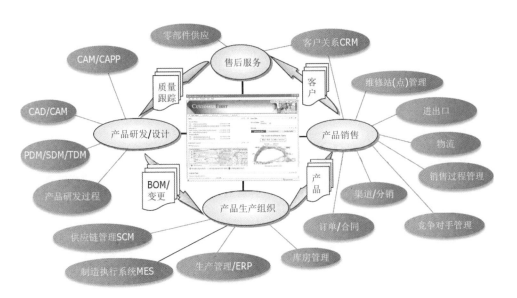

图0-10　纵向集成

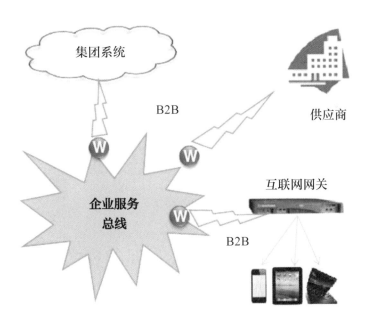

图0-11　横向集成

0.4.2.3 端到端集成

围绕产品全生命周期的价值链创造,通过价值链上不同企业资源的整合,实现从产品设计、生产制造、物流配送、使用维护的产品全生命周期的管理和服务。如图0-12所示。

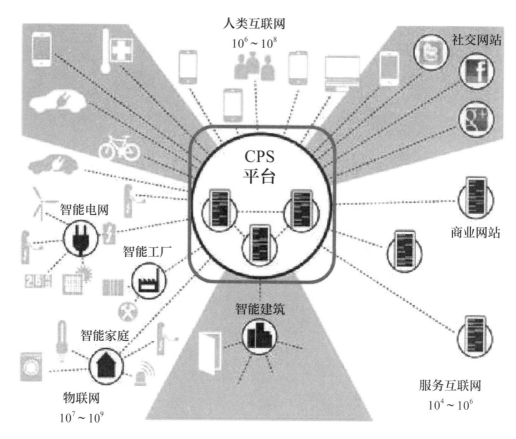

图0-12 端到端集成

0.4.3 大数据分析

工业4.0的核心就是数据,他们会渗透到企业运营、价值链乃至产品的整个生命周期,是工业4.0和制造革命的基石,分为以下几类。

第一类是产品相关的数据,俗称企业主数据;

第二类是运营数据,一般称为交易数据;

第三类是整个价值链上的数据,如供应商、分销商、客户等数据,也是属于企业主数据管理的范畴;

第四类是对企业经营分析有价值的外部数据。

0.5 | 实现工业互联网与智能制造的基础工作

中国制造业要实现工业互联网与智能制造，必须首先把最基础的工作做好，也就是精益生产。如图0-13所示精益生产系统。

TPM、TQM、IE、5S都是工业互联网与智能制造落地的基础工作。有效实施TPM、TQM、IE、5S可以帮助企业在不需要资本投入的条件下，实现成本降低和效率大幅度提升。

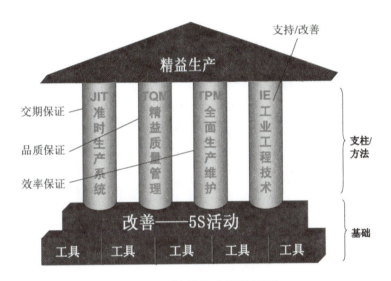

图0-13 精益生产系统图示

JIT是Just In Time的英文缩写，意为准时制生产方式，又称作无库存生产方式（stockless production），零库存（zero inventories），一个流（one-piece flow）或者超级市场生产方式（supermarket production）。

TPM是英文Total Productive Maintenance的缩写，中文译名叫全员生产维护，又译为全员生产保全，是以提高设备综合效率为目标，以全系统的预防维修为过程，全体人员参与为基础的设备保养和维修管理体系。

TQM是英文Total Quality Management的缩写，意为全面质量管理，是对一个组织以产品质量为核心，以全员参与为基础，目的在于通过让顾客满意和本组织所有者及社会等相关方受益而建立起一套科学严密高效的质量体系，从而提供满足用户需要的产品的全部活动，达到长期成功的管理途径。是改善企业运营效率的一种重要方法。

IE是Industrial Engineering的英文缩写，意为工业工程。IE是对人员、物料、设备、能源和信息所组成的集成系统，进行设计、改善和设置的一门学科。它综合运用数学、物理学、社会科学的专门知识、技术以及工程分析与设计的原理、方法，对由人、物料、设备、能源、信息组成的集成系统，进行规划、设计、评价、改进（创新）。

　　精益生产活动的基础是进行现场改善，而使现场得以改善的基础方法就是实施5S活动（如图0-14所示）。

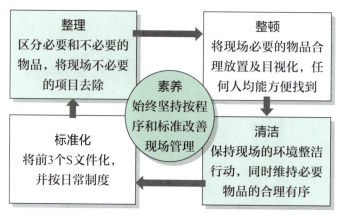

图0-14　改善的基础活动——5S现场管理

开展7S活动的认识

1.1 | 7S 概述

1.1.1 7S的起源

"5S"是整理（Seiri）、整顿（Seiton）、清扫（Seiso）、清洁（Seikeetsu）、素养（Shitsuke）这五个词的缩写。因为这五个词日语的罗马拼音首字母，再加上安全（Safety）、节约（Saving）的第一个英文字母也是"S"，所以我们把它简称为"7S"，是指开展以整理、整顿、清扫、清洁、素养、安全、节约为内容的活动，"7S"活动具体内容如表1-1所示。

表1-1 7S的定义

中文	日文	英文	一般解释	精简要义
整理	Seiri		清除	分开处理，进行组合
整顿	Seiton		整理	定量定位，进行处理
清扫	Seiso		清理	清理扫除，干净卫生
清洁	Seikeetsu		标准化	擦洗擦拭，标准规范
素养	Shitsuke		修养	提升素质，自强自律
安全		Safety	保持安全	安全预防，珍惜生命
节约		Saving	成本最优化	减少浪费，降低成本

5S活动最早在日本开始实施，日本企业将5S活动作为管理工作的基础，推行各种质量管理手法。第二次世界大战后，日本的产品质量得以迅速地提升，奠定了经济强国的地位，而在丰田公司的倡导推行下，5S在塑造企业形象、降低成本、准时交货、安全生产、作业标准化、工作场所、现场改善等方面发挥了巨大作用，逐渐被各国的管理界所认识。随着世界经济的发展，5S已经成为工厂管理的一种常规管理手段。

根据企业进一步发展的需要，有的公司在原来5S（整理、整顿、清扫、清洁、素养）的基础上又增加了安全和节约的要素，形成了所谓的"7S"管理。

1.1.2 7S活动的内容

1.1.2.1 整理——SEIRI

整理就是将必需品与非必需品区分开,在必需的场所只放置必需品,不需要用的清出工作场所。整理有以下作用。

(1)可以使现场无杂物,行道通畅,增大作业空间,提高工作效率。

(2)减少碰撞,保障生产安全,提高产品质量。

(3)消除混料差错。

(4)有利于减少库存,节约资金。

(5)使员工心情舒畅,工作热情高涨。

整理不仅是将物品打扫干净后整齐摆放,而是"处理"所有持怀疑态度的物品!根据现场物品处理原则,只留下:需要的物品、需要的数量。

1.1.2.2 整顿——SEITON

整顿就是将必需品依规定的定位、定量摆放整齐,明确标示,以便于任何人都能很方便地取放!整顿有以下作用。

(1)提高工作效率。

(2)将寻找物品的时间减少为零。

(3)异常情况(如丢失、损坏)能马上被发现。

(4)非担当者的其他人员也能明白工作要求和做法。

(5)不同的人去做,其结果是一样的(因为已经标准化)。

1.1.2.3 清扫——SEIKETSU

清扫就是清除工作场所内的脏污并防止污染的发生。其目的是消除"脏污",保持工作场所干净、明亮,以稳定质量,达到零故障、零损耗。

经过整理、整顿,必需品处于立即能用的状态,但取出的物品还必须完好可用,这是清扫最大的作用。

1.1.2.4 安全——SAFETY

安全活动是指清除安全隐患,排除险情,预防安全事故,保障员工的人身安全,保证生产的连续性,减少安全事故造成的经济损失。

推行安全的作用如下。

(1)创造安全、健康的工作环境。

（2）保障员工安全，使其更好地投入工作。

（3）减少或避免安全事故，保证生产顺利进行。

（4）管理到位，赢得客户信任。

在企业推行安全活动所要关注的内容包括人的安全、物的安全和环境的安全。

1.1.2.5　节约——SAVING

节约，即为减少浪费，降低成本。

随着产品的成熟，成本趋向稳定。相同的质量下，谁的成本越低，谁的产品竞争力就越强，谁就有生存下去的可能。通过节约活动可以减低各种浪费、勉强、不均衡，提高效率，从而达到成本最优化。

企业推行节约活动可以避免场地浪费，提高利用率；减少物品的库存量；减少不良品的产品；减少动作浪费，提高作业效率；减少故障发生，提高设备运行效率等。

节约活动能减少库存量，排除过剩生产，避免零件、半成品、成品在库过多；避免库房、货架、天棚过剩；避免卡板、台车、叉车等搬运工具过剩；避免购置不必要的机器、设备；避免"寻找""等待""避让"等动作引起的浪费；消除"拿起""放下""清点""搬运"等无附加价值的动作；避免出现多余的文具、桌、椅等办公设备。所有这些都能够降低企业的成本，改善企业经营效益。

1.1.2.6　清洁——SEIKETSU

清洁就是将整理、整顿、清扫、安全、节约进行到底，并且标准化、制度化、规范化，以维持成果。其目的是通过制度化来维持成果，成为惯例和制度，促进企业文化的形成。清洁的作用如下。

（1）维持作用。将整理、整顿、清扫、安全、节约活动取得的良好成绩、作用维持下去，成为公司的制度。

（2）改善的作用。对已取得的良好成绩，不断进行持续改善，使之达到更高的境界。

1.1.2.7　素养——SHITSUKE

素养是指通过相关宣传、教育手段，提高全体员工文明礼貌水平，促使其养成良好的习惯，遵守规则，并按要求执行。其目的如下。

（1）企业全员严格遵守规章制度。

（2）形成良好的工作风气。

（3）铸造团队精神。全体员工积极、主动地贯彻执行整理、整顿、清扫制度。

1.1.3 7S之间的关系

7S彼此相互关联。其中，整理、整顿、清扫是进行日常7S活动的具体内容；清洁则是对整理、整顿、清扫工作的规范化和制度化管理；素养要求员工培养自律精神，形成坚持推行7S活动的良好习惯；安全则强调员工在前5S活动的基础上实现安全化作业；节约则是强调员工在前5S的基础上形成减少浪费、降低成本的习惯。7S要素关系如图1-1所示。

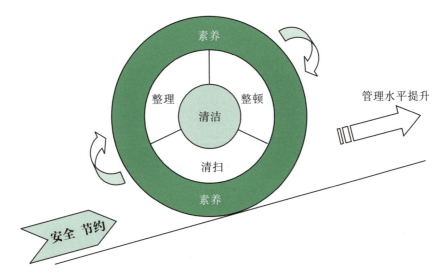

图1-1　7S要素关系

1.2　实施7S的必要性

1.2.1 生产现场的常见症状

如果你仔细去查看一下制造企业的生产现场，就会发现许多常见的"症状"，具体如表1-2所示。

表1-2　生产现场的常见症状

观察要素	呈现的现象	观察要素	呈现的现象
人员	·员工士气不振 ·精神面貌不佳 ·人员走动频繁 ·面无表情	环境	·通道被堵塞 ·垃圾、杂物随处可见 ·积水、积油、积尘 ·噪声超标 ·尘雾满天飞扬

续表

观察要素	呈现的现象	观察要素	呈现的现象
设备	·设备布局散乱 ·线路散乱、破损 ·机身上有污垢、积油、积尘 ·设备漏油、漏水、漏气 ·工模夹具摆放混乱、无标志 ·闲置设备到处放置 ·故障频繁发生	方法	·作业流程不畅 ·工艺不合理 ·违规、违章操作不断 ·无标作业、无标检验
物料	·物品堆积如山 ·在制品随意乱放 ·合格品、不良品混放 ·物品标志不清 ·停工待料时常发生 ·数量不准确	信息	·计划频繁调整 ·数据不准确 ·信息传递不及时 ·数据不记录

如果用照相机去拍一拍，你会发现现场的情况与图1-2差不多。

灭火器被堵塞。

通道堵塞，物品没有摆放整齐。

图1-2 开展7S之前现场图片

无定位标识,线散放在地上且延伸到另一机台处,人员行走存在安全隐患。

1.2.2 实施7S的好处

实施推行7S活动,能使制造企业得到很多意想不到的益处,提升企业的竞争力。如图1-3所示。

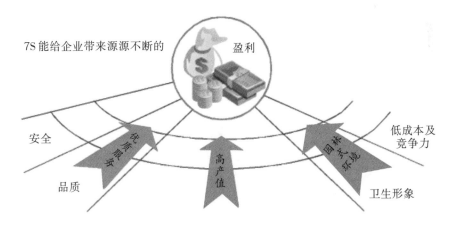

图1-3 实施7S的好处

具体表现如下。

（1）提升公司形象

①容易吸引顾客,使顾客对公司产生信心。

②能吸引更多的优秀人员加入公司。

（2）营造团队精神

①共同的目标拉近员工的距离，建立团队感情。

②容易带动员工形成上进的思想。

③看到良好的效果，员工对自己的工作有一定的成就感。

④员工养成良好的习惯，变成有教养的员工，容易塑造良好的企业文化。

（3）减少浪费

①经常习惯性的整理、整顿，不需要专职整理人员，减少人力。

②对物品进行规划分区，分类摆放，减少场所浪费。

③物品分区分类摆放，标志清楚，节省寻找时间。

④减少人力、减少场所、节约时间就是降低成本。

（4）保障质量。工作养成认真的习惯，做任何事情都一丝不苟，不马虎，质量自然有保障。

（5）改善情绪

①清洁、整齐、优美的环境带来美好的心情，员工工作起来更认真。

②上司、同事、下级谈吐有礼，举止文明，给你一种被尊重的感觉，容易融合在这种大家庭的氛围中。

（6）提高效率

①工作环境优美，工作氛围融洽，工作自然得心应手。

②物品摆放整齐，不用花时间寻找，工作效率自然提高了。

我们再来看看开展7S活动以后的现场照片。如图1-4所示。

模具摆放整齐，电脑打印的编号清楚、一目了然。

通道标识正确，通道干净整洁。

Chapter 1 开展7S活动的认识

模具看板重新整理、喷漆，整齐美观。模具资表排列整齐。

机器已保养好，做好防尘措施，摆放整齐。

消防设备区域规划良好，未堵塞。

图1-4　开展7S活动以后的现场照片

Chapter 2

7S活动推广的步骤

2.1 对企业的现状进行诊断

针对企业管理中的常见问题,自行组织现状调查分析,判断问题和隐患所在,确定7S活动的重点和阶段性主题。

2.1.1 自我评估与诊断标准

自我评估与诊断标准如表2-1所示。

表2-1 7S活动自我评估与诊断标准

序号	评估项目	评估与诊断标准
1	公共设施环境卫生	(1)浴室、卫生间、锅炉房、垃圾箱等公共设施完好 (2)环境卫生有专人负责,随时清理,无卫生死角 (3)厂区绿化统一规划,花草树木布局合理,养护良好
2	厂区道路车辆	(1)道路平整、干净、整洁,交通标志和划线标准、规范、醒目 (2)机动车、非机动车位置固定,标志清楚
3	宣传标志	(1)张贴、悬挂表现企业文化的宣传标语 (2)文宣形式多样化,内容丰富
4	办公室物品和文件数据	(1)办公室物品摆放整齐、有序,各类导线集束,实施色标管理 (2)办公设备完好、整洁 (3)文件数据分类定置存放,标志清楚,便于检索 (4)桌面及抽屉内物品保持正常办公的最低限量
5	办公区通道、门窗、墙壁、地面	(1)门厅和通道平整、干净 (2)门窗、墙壁、天花板、照明设备完好且整洁 (3)室内明亮、空气新鲜、温度适宜
6	作业现场信道和室内区域线	(1)通道平整、通畅、干净、无占用 (2)地面画线清楚,功能分区明确,标志可移动物摆放位置,颜色、规格统一
7	作业区地面、门窗、墙壁	(1)地面平整、干净 (2)作业现场空气清新、明亮 (3)标语、图片、图板悬挂、张贴符合要求 (4)各种不同使用功能的管线布置合理,标志规范

续表

序号	评估项目	评估与诊断标准
8	作业现场设备、工装、工具、工位器具和物料	（1）定置管理，设备（含检测试验设备）、仪器、工装、工具、工位器具和物料分类合理，摆放有序 （2）作业现场无无用或长久不用的物品 （3）消除跑、冒、滴、漏，设备无黄袍，杜绝污染
9	作业现场产品	（1）零部件磕碰划伤防护措施良好、有效 （2）产品状态标志清楚、明确，严格区分合格品与不合格品 （3）产品放置区域合理，标志清楚
10	作业现场文件	（1）文件是适用、有效版本 （2）各种记录完整、清楚 （3）文件摆放位置适当，保持良好
11	库房	（1）定置管理，摆放整齐 （2）位置图悬挂标准，信道畅通 （3）账、卡、物相符，标志清楚 （4）安全防护措施到位
12	安全生产	（1）建立了安全管理组织网络，配备专职管理人员 （2）建立安全生产责任制，层层落实 （3）制定安全生产作业规程，人人自觉遵守 （4）有计划地开展安全生产教育与培训
13	行为规范与仪容	（1）员工自觉执行公司的相关规定，严格遵守作业纪律 （2）工作坚持高标准，追求零缺陷 （3）制定并遵守礼仪守则 （4）衣着整洁 （5）工作时间按规定统一穿戴工作服、工作帽 （6）工厂区内上班时间员工能自觉做到不吸烟

2.1.2 诊断检查表

诊断检查表可按办公场所和车间来区分，因为两者在许多方面不一样。

（1）车间诊断用7S检核表如表2-2所示。

表2-2 车间诊断用7S检核表

项目	检核项目	配分	得分	改善计划
整理	1. 有无定期实施去除不要物的红牌作战	2		
	2. 有无不急、不用的治工具、设备	2		
	3. 有无剩料、废料等不用物	2		
	4. 有无不必要隔间能使职场视野良好	2		
	5. 有无将作业场所明确区域划分、编号化	2		
	小计	10		
整顿	1. 是否明确规定储藏以及储藏所	2		
	2. 是否明确规定物品放置、料架	2		
	3. 是否治工具易于取用、附近、集中	2		
	4. 是否有使用颜色管理	2		
	5. 是否治工具、材料等按规定储放	2		
	6. 是否规定待制品储放处所与管理	2		
	7. 宣传白板、公布栏内容应适时更换，应标明责任部门及担当者姓名	2		
	8. 各种柜、架的放置处要有明确标识	2		
	小计	16		
清扫	1. 作业场所是否杂乱	2		
	2. 作业台/现场办公台上是否杂乱	2		
	3. 产品、设备、地面是否脏污，灰尘	2		
	4. 区域划分线是否明确	2		
	5. 作业结束、下班时是否清扫	2		
	6. 墙角、底板、设备下应为重点清扫区域	2		
	小计	12		

续表

项目	检核项目	配分	得分	改善计划
安全	1. 对危险品应有明显的标识	2		
	2. 各安全出口的前面不能有物品堆积	2		
	3. 灭火器应在指定位置放置及处于可使用状态	2		
	4. 消火栓的前面或下面不能有物品放置	2		
	5. 空调、电梯等大型设施设备的开关及使用应指定专人负责或制定相关规定	2		
	6. 电源、线路、开关、插座有否异常现象出现	2		
	7. 严禁违章操作	2		
	8. 对易倾倒物品应采取防倒措施	2		
	9. 是否有健全的安全机构及规章制度	2		
	10. 是否有定期进行应急预案的演习	2		
	小计	20		
节约	1. 有什么措施实施节约成本、减少浪费、提高效率，如能多次利用的物品要多次利用	2		
	2. 有什么措施减少人力、材料、设备、场所、工时的浪费	2		
	3. 有什么措施优化作业方法，从而降低成本，提高效率，如简化流程、订单审批制度、降低订购时间、降低库存	2		
	4. 是否定期开展节能降耗活动	2		
	小计	8		
清洁	1. 7S是否规定化	2		
	2. 机械设备类是否定期点检	2		
	3. 是否穿着规定的服装或劳保用品	2		
	4. 是否放置私人物品	2		

续表

项目	检核项目	配分	得分	改善计划
清洁	5. 有无规定吸烟场所并有遵守	2		
	小计	10		
素养	1. 有无保持基本的卫生和基本礼仪	2		
	2. 有无明示使用保护具，并有使用	2		
	3. 有无遵守作业标准书	2		
	4. 有无规定异常发生的对应规定	2		
	5. 有无积极参加晨操、朝夕会	2		
	6. 是否遵守有关开始、停止的规定	2		
	7. 按规定穿工作鞋、工作服、佩戴工作证	2		
	8. 是否每天保持下班前的五分钟7S	2		
	小计	16		
	共计	100		

评语：

检查者：

（2）办公场所诊断用7S检核表如表2-3所示。

表2-3　办公场所诊断用7S检核表

项目	检核项目	配分	得分	改善计划
整理	1. 有无定期实施去除不要物的红牌作战	2		
	2. 有无归档的规定	2		
	3. 桌、橱柜等是否为必要的最低限	2		
	4. 有无不必要隔间能使职场视野良好	2		
	5. 有无将桌、橱柜、通路等明确区域划分	2		
	小计	10		

续表

项目	检核项目	配分	得分	改善计划
整顿	1. 是否按照归档的规定进行档类归档	2		
	2. 文件等各类物品是否实施定位置化和标识（颜色、斜线、标签）	2		
	3. 是否规定用品的放置所，并有进行补充点管理，如最高、最低存量管制	2		
	4. 必要的文件等物品是否易于取用，不用寻找，放置方法正确（立即取出和放回）	2		
	5. 是否规定橱柜、书架的管理责任者	2		
	小计	10		
清扫	1. 地面、桌上是否杂乱？	2		
	2. 垃圾箱是否积得满满？	2		
	3. 配线是否杂乱？	2		
	4. 给水间有无管理责任者的标示？	2		
	5. 给水间是否干净明亮？	2		
	6. 有无分工负责清扫制度，窗、墙板、天花板、办公桌、通道或办公场所地面或作业台干净亮丽？办公设施干净无灰尘？	2		
	小计	12		
安全	1. 对危险品应有明显的标识	2		
	2. 各安全出口的前面不能有物品堆积	2		
	3. 灭火器应在指定位置放置及处于可使用状态	2		
	4. 消火栓的前面或下面不能有物品放置	2		
	5. 空调、电梯等大型设施设备的开关及使用应指定专人负责或制定相关规定	2		
	6. 电源、线路、开关、插座有否异常现象出现	2		
	7. 严禁违章操作	2		

续表

项目	检核项目	配分	得分	改善计划
安全	8. 对易倾倒物品应采取防倒措施	2		
	9. 是否有健全的安全机构及规章制度	2		
	10. 是否有定期进行应急预案的演习	2		
	小计	20		
节约	1. 有什么措施实施节约成本、减少浪费、提高效率，如能多次利用的物品要多次利用	2		
	2. 有什么措施减少人力、材料、设备、场所、工时的浪费	2		
	3. 有什么措施优化作业方法，从而降低成本，提高效率，如简化流程、订单审批制度、降低订购时间、降低库存	2		
	4. 是否定期开展节能降耗活动	2		
	小计	8		
清洁	1. 办公OA设备有无按规定定期清洁肮脏及灰尘	2		
	2. 抽屉里是否杂乱	2		
	3. 私人物品是否放于指定处所	2		
	4. 下班时桌上是否整洁	2		
	5. 有无穿着规定服装	2		
	6. 排气和换气的情况如何，空气中是否有灰尘或污染味道	2		
	7. 光线是否足够，各个角度是否感到明亮	2		
	小计	14		
素养	1. 有无周业务进度管理表来管理	2		
	2. 重点目标、目标管理等有无目视化	2		
	3. 有无规定公告栏，公告文件有无过期	2		

续表

项目	检核项目	配分	得分	改善计划
素养	4. 接到当事者不在的电话有无做备忘记录	2		
	5. 有无告知方式表示出差地点与回来时间等	2		
	6. 有无文件传阅规定	2		
	7. 有无积极参加晨操	2		
	8. 是否每天下班时执行五分钟7S活动	2		
	9. 人员仪容端正，精神饱满，都在认真工作	2		
	小计	18		
	共计	100		

评语：

检查者：

2.1.3 现场诊断的结果分析

对现场进行的诊断，最后要将诊断结果以书面的形式呈现出来，在分析的过程中要把所出现的问题或难处找出来，最好附上所拍照片，同时，要提出相应的建议，如以下范本所示。

范本　7S现状诊断报告

7S现状诊断报告

调研范围：一车间、二车间、储运部、包装车间、分装车间、配件仓库等所有区域

调研时间：2019-6-6

主要调研者：×××先生、×××小姐

调研陪同人员：×××（HR）、×经理（一车间生产）、×经理（二车间

生产）、×经理（品管部）

在公司的相关陪同人员和各部门的责任人的大力支持和配合下对诊断范围内的7S状态进行了相应的诊断，诊断的结果如下。

一、做得很好的方面

（1）在质量控制方面做得很好，完全符合国家标准，并采用严于行业标准的方式来提升质量，从而为产品远销畅销提供有力的支持。

（2）在辅料和配件及安全方面也有效控制，从而有效地控制了内耗的成本。

（3）有些部门已在推广7S等活动，而且有一定的成效，这为其他部门推行7S打下了一定的实践基础。

（4）公司高层对这个项目的重视程度及决心为这个项目在贵司的推行注入了新的动力，这也是成功推行的前提。

二、不足的地方

在诊断过程中发现一些不足的地方，在此，无论存在的问题大与小都将一一罗列。

（1）未建立整体的7S推行组织及明确职责。

（2）缺少7S培训需求和如何实施，或是有个别部门内部有教训但均未考核，不能强制提升人员的意识。

（3）基层管理人员未有管理类的培训，如管理技能、团队精神等课程。

（4）需要将整个企业团队引导为一个学习型组织和团队，目前未针对于此策划和开展一些学习活动，如读书月、提案改善月、内部专项技能培训等。

（5）未进行专门的危机专题内部沟通，不能引起员工的危机意识，如质量安全意识、人生危机、职业危机等。

（6）车间的消防灭火器普遍是生锈或积尘较多，甚至有些保养期仍是前一年的中旬，没有进行有效管理及保养。

（7）劳保用品没有建立一个使用周期，然后再进行更换。

（8）目前整个企业内广告牌管理未全面建立起来，使用各方面的一些信息不能及时透明地反映出来。

（9）办公楼无安全疏散图。

（10）整个车间及仓库都未进行有效的区域划分，如：人流区域和物流区域。

（11）一车间整体比较干净整洁，但在一楼仍有堆放杂物的现象。

（12）生产部办公室的文件夹及数据存放方式有待提升及规范。

（13）二车间有一台设备有漏原料的现象。

（14）零件仓已对7S工作开展不少，但在物料标识和物品分类存放等方面需要统一和完善，还有物料架上的物品不宜堆放太高或太乱。

……

三、建议

综上所述，公司在进行7S的推行工作方面确实做出了不少的工作和努力，也取得了一定的成绩（按今天使用的诊断检查表的分数汇总，办公场所得分为57分，现场得分为62分，这些分数不能作为各部门的考核内容，仅作为本次诊断的主观结果，供参考用），但这些不足以从整体上提升公司在环境、质量、安全、成本和效率等方面的需求，因此仍有必要慎重考虑如何能全面有效地推行7S活动，现据初步的调研结果提供以下建议。

（1）建立以高层中的一员为委员会主任及各部门责任人为委员的一个7S推行委员会，并明确主任及委员的职责。

（2）全面策划整个7S推行方案及时间表，高层持续关注进度及结果。

（3）进行全员性的培训，特别是先对推行委员会及各部门中高层管理人员培训，并建立一个有效的培训机制，确保所有的人一进入本司工作就知道如何执行7S要求。

（4）打造7S样板部门，策划执行标准和运作规范及过程控制表格。

（5）培训内审员，日常监控7S的执行及改善情况。

（6）开展形式多样的7S活动，如：知识竞赛、月或季度评比、各种形式的活动月等。

2.2 成立推行组织

为了有效地推进7S活动，需要建立一个符合企业条件的推进组织——7S推行委员会。推行委员会的组成包括7S委员会、推进事务局、各部门负责人以及部门7S代表等，不同的责任人承担不同的职责。

2.2.1 推行委员会的职责

推行委员会职责见表2-4。

表2-4　推行委员会职责表

组成	职责
7S委员会	1. 制定7S推行的目标、方针 2. 任命推行事务局负责人 3. 批准7S推进计划书和推进事务局的决议事项 4. 评价活动结果
推进事务局	1. 制订7S推进计划，并监督计划的实施 2. 组织对员工的培训 3. 负责对活动的宣传 4. 制定推进办法和奖惩措施 5. 主导全公司7S活动的开展
各部门负责人	1. 负责本部门7S活动的开展，制定7S活动规范 2. 负责本部门人员的教育和对活动的宣传 3. 设定部门内的改善主题，并组织改善活动的实施 4. 指定本部门的7S代表
部门7S代表	1. 协助部门负责人对本部门7S的活动进行推进 2. 作为联络员，在推进事务局和所在部门之间进行信息沟通

2.2.2　责任人签下7S推行责任书

为明确各责任人的责任，可以将明确责任的活动办得热烈一点，比如开展一个7S活动宣誓大会，同时，要各责任人签下责任状（承诺书）。

范本　7S管理推行承诺书

7S管理推行承诺书

我是AA公司部门负责人：

为推动公司现场7S管理，提高我司的内部现场管理水平，在今后7S管理活动中，本人承诺如下。

1. 我将带动部门上下，从工作中的每一件小事做起，持之以恒，以达到公司期望7S在96分以上的要求。
　　2. 我将组织本部门主动配合和协助其他部门开展7S工作，与其共求发展。
　　3. 认真遵守和执行公司推行7S管理项目的所有要求，全力配合和支持咨询顾问组及推行小组的推行工作。
　　4. 严格认真执行公司7S管理的各项制度，全力配合和执行推行小组及7S管理专员的要求。
　　5. 每天按7S要求和标准对7S工作自查1次，并记录和通报。
　　6. 每周对部门7S工作自我总结一次，并向全体员工倡导。
　　7. 积极找方法解决7S推行存在的困难，绝对不为失败找借口。
　　8. 如因本部门的7S推行进度而影响全公司的7S管理项目进度，本人将自请处分。
　　9. 如没遵守和执行7S推行小组和7S制度，愿意无条件接受公司的处分。

　　为塑造一个有AA（公司简称）特色，洋溢AA7S文化的企业形象而携手努力！奋进！

承诺人（签字）：
____年__月__日

范本　7S管理推行承诺书（推行小组成员）

7S管理推行承诺书

　　我是AA公司现场7S专案推行小组成员：
　　为推动公司现场7S管理工作，提高我司的内部现场管理水平，在今后7S管理活动中，本人承诺如下。
　　1. 我将带动全公司和部门上下，从工作中的每一件小事做起，持之以恒，以达到公司期望7S在96分以上的要求。
　　2. 按时按质推动和执行7S管理项目的各项计划。
　　3. 遵守和执行公司推行7S管理项目的所有要求，全力配合和支持咨询顾问组的推行工作。

4. 严格认真执行公司7S管理的各项制度。
5. 每周对公司7S工作检查和总结一次，并向全体员工倡导。
6. 积极找方法解决7S推行存在的困难，绝对不为失败找借口。
7. 如因本人的7S推行进度而影响全公司的7S管理项目进度，本人将自请处分。
8. 如没遵守和执行7S推行小组和7S制度，愿意无条件接受公司的处分。

为塑造一个有AA公司特色，洋溢AA公司7S文化的企业形象而携手努力！奋进！

承诺人（签字）：

____年__月__日

范本 7S管理项目推行责任状（项目负责人）

7S管理项目推行责任状

我是××公司部门负责人：

为规范内部管理行为，促进公司内7S管理全面有力地推行和执行，杜绝推行过程中各部门配合和支持行为的随意性和盲目性，提高我司的内部现场管理水平，保证7S管理项目的各要求得以全面正确实施，履行好各部门的职责，根据公司最高管理层定下的本年度内部改善的目标和有关要求，特制定本责任状。本人承诺如下。

1. 我将带动部门上下，从工作中的每一件小事做起，持之以恒，以达到公司期望7S在96分以上的要求。
2. 我将组织本部门主动配合和协助其他部门开展7S工作，与其共求发展。
3. 认真遵守和执行公司推行7S管理项目的所有要求，全力配合和支持咨询顾问组及推行小组的推行工作。
4. 严格认真执行公司7S管理的各项制度，全力配合和执行推行小组和7S管理专员的要求。

5. 每天按7S要求和标准对7S工作自查1次,并记录和通报。

6. 每周对部门7S工作自我总结一次,并向全体员工倡导。

7. 积极找方法解决7S推行存在的困难,绝对不为失败找借口。

8. 如因本部门的7S推行进度而影响全公司的7S管理项目进度,本人将自请处分。

9. 如没遵守和执行7S推行小组和7S制度,愿意无条件接受公司的处分。

总经理(签字):　　　　　　　项目责任人(签字):

____年__月__日

2.3 | 制订 7S 推行计划

所谓计划就是预先决定5W1H——做什么(What)、为什么做(Why)、什么时候做(When)、由谁做(Who)、怎么做(How)等。

2.3.1 初次推行计划

初次推行计划是针对那些以前没有开展过任何7S活动的企业制订的。

范本 某公司7S推行进度计划(甘特图)

某公司7S推行进度计划(甘特图)

编制:　　　　　　　　批准:

序号	阶段	工作内容	1月	2月	3月	4月	5月	6月	7月	8月	9月	10月	11月	12月
1	组织策划	7S现状诊断	■											
		组建7S委员会、7S小组,明确岗位职责	■											
		7S骨干培训	■											

续表

序号	阶段	工作内容	1月	2月	3月	4月	5月	6月	7月	8月	9月	10月	11月	12月
1	组织策划	制订7S推行计划	■											
		7S宣传工作展开		■	■	■	■	■	■	■	■	■	■	■
2	体系设计	全员7S培训		■										
		7S骨干外训		■										
		确定7S方针、目标		■	■									
3	7S体系建立	编写7S手册			■									
		制作整理、整顿、清扫、清洁、素养的程序文件及表格			■										
		示范部门或车间整理、整顿开始			■	■								
		制定7S评分标准和7S竞赛办法				■								
4	7S运行	7S知识竞赛(晚会),7S实施动员大会				■								
		整理					■							
		整顿					■							
		清扫					■							
		7S审核						■						
		清洁							■	■	■	■	■	■
		管理层7S评审							■					

2.3.2 循环推行计划

7S活动推行到一定程度以后,推行委员会要制订一个循环推行计划(比如说每个季度循环一次),以使7S活动处于不间断的良性循环之中,如以下范本所示。

范本 **7S管理持续推行计划表（每季度一次循环）**

7S管理持续推行计划表（每季度一次循环）

步骤	项目	推行计划					备注
		1周	2周	3周	…	12周	
7S管理推行准备	（1）重新确定7S管理推行负责人和小组，并修改相关的7S实施文件						
	（2）各副主任负责提交各小组的责任区域图，以及提交7S所有待其他部门或者上级部门解决的问题清单						
	（3）全厂新员工培训及培训考试；7S全厂宣传						
7S管理推行	（1）各部门开始实施整理并提交整理整顿清单						
	（2）各部门确定清扫责任区，具体落实到每一个人并实施清扫						
	（3）重新制作样板工程						
	（4）各部门参照实施整顿（目视管理）						
	（5）各部门实施7S						
	（6）全厂7S管理开始实施评比						按"7S管理考核办法"实施
7S管理的效果检讨	（1）每周由7S管理委员会委员对各区进行周评比，并纳入月评比中						

续表

步骤	项目	推行计划 1周	2周	3周	…	12周	备注
7S管理的效果检讨	（2）每月由7S管理委员会主任抽取部分委员对各区进行评比，对于前两名给予奖励						
7S管理的维持改进	（1）由人事部门将7S培训内容纳入新员工培训项目之中，每个月对新进员工组织一次培训						评估总目标是否实现
	（2）开展新的趣味性竞赛						
	（3）提升7S目标						
	（4）与各部门的管理绩效挂钩，促进全体参与						

编制：　　　　　　　　　　　　　　　　　　　日期：

2.4 宣传造势、教育训练

推动7S活动时除了要做好策划工作外，还一定要让全公司的各级管理人员和全体员工了解为何要做和如何去做，同时告知进行活动的必要性与好处在哪里，这样才能激发大家的参与感和投入感。因此，企业开展必要的宣传造势、教育训练是必不可少的环节，也是7S活动成败的关键。

2.4.1 活动前的宣传造势

（1）前期各项宣传活动的推行。各部门主管负责利用部门（小组）例会向员工讲述实施7S的必要性和作用，使员工对7S有初步的了解，激发员工的好奇心。

（2）制定推行手册及海报标语。为了让全员进一步了解、全员实行，推行委员会应制定推行手册，并且做到人手一册，通过学习，确切掌握7S的定义、目的和推行要领等。另外，配合各项倡导活动，制作一些醒目的标语，塑造气氛，以加强文宣效果。

> 范本 **7S活动标语集锦**

7S活动标语集锦

1. 整理：区分物品的用途，清除不要用的东西。
2. 整顿：必需品分区放置，明确标识，方便取用。
3. 清扫：清除垃圾和脏污，并防止污染的发生。
4. 清洁：维持前3S的成果，制度化，规范化。
5. 素养：养成良好习惯，提高整体素质。
6. 安全：确保工作生产安全，关爱生命，以人为本
7. 勤俭节约、爱护公物；以厂为家，共同发展。
8. 服务：强化服务意识，倡导奉献精神。
9. 整理整顿做得好，工作效率步步高。
10. 清扫清洁坚持做，亮丽环境真不错。
11. 7S效果很全面，持之以恒是关键。
12. 培养优质素养，提高团队力量。
13. 决心、用心、信心，7S活动有保证。
14. 全员投入齐参加，自然远离脏乱差。
15. 创造清爽的工作环境，提升工作士气和效率。
16. 人人做整理，工作有条理；全员做清扫，环境更美好。
17. 改善措施是基础，不懈努力是关键。
18. 减少浪费，提升质量；整齐舒适，安全规范。
19. 整理整顿天天做，清扫清洁时时行。
20. 整顿用心做彻底，处处整齐好管理。
21. 摒弃坏习惯，打造新风气。
22. 高质量的产品源于高标准的工作环境。
23. 现场差，则市场差；市场差，则发展滞。
24. 分工合作来打扫，相信明天会更好。
25. 7S运动从你我做起，让我们更有自信！
26. 整理——腾出更大的空间。
27. 整顿——提高工作效率。
28. 清扫——扫走旧观念，扫出新天地。
29. 清洁——拥有清爽明亮的工作环境。

30. 素养——塑造人的质量，建立管理根基。
31. 安全——消除一切安全隐患。
32. 7S只有不断地检讨修正，才能持续地改善提升。
33. 无论是看得见，还是看不见，都要彻底清扫干净。
34. 彻底整理，合理整顿，持之以恒，效果展现。
35. 整理：下定决心，去芜存精。
36. 整顿：精心策划，节约空间。
37. 清扫：要有耐心，从我做起。
38. 清洁：称心如意，清爽环境。
39. 素养：信心提升，效率保证。
40. 安全：消除隐患，安全生产。
41. 节约：节约为荣，浪费为耻。
42. 思一思研究改善措施，试一试坚持不懈努力。
43. 创造舒适工作场所，不断提高工作效率。
44. 整理整顿做得好，清洁打扫没烦恼。
45. 消除一切安全隐患，保障生产工作安全。

对于海报、标语的张贴，推行委员会应要对其内容、大小、数量、放置位置都要事先设计好，否则，现场就会因标语、海报的张贴显得很乱，而达不到应有的效果了，以下提供某公司在开展7S之初所设计的标语清单供参考。

范本 7S系列标语／横幅／袖章制作清单

7S系列标语／横幅／袖章制作清单

序号	类别	适用地	规格说明	颜色	数量	内容
1	铜字	门卫楼		红色或铜色	1	××（公司标志）
2	横匾	厂区主通道	待定	待定	1	品质方针：

续表

序号	类别	适用地	规格说明	颜色	数量	内容
3	横幅	厂区主通道	待定	待定	1	质量目标：成品交货验收合格率≥99%，客户投诉处理率100%，顾客满意度≥98%
4					1	公司理念：
5					1	整理、整顿、清扫、清洁、节约、安全、素养
6	挂贴/横幅	车间	挂贴尺寸：180厘米（高）×40厘米（宽）横幅尺寸：1200厘米（长）×70厘米（高）	挂贴：绿底白字 横幅：红底黄字	2	整理、整顿做得好，工作效率步步高
7					2	清扫、清洁坚持做，亮丽环境真不错
8					2	7S效果很全面，持之以恒是关键
9					2	决心、用心、信心，7S活动有保证
10					2	全员投入齐参与，自然远离脏乱差
11					2	人人做整理，场地有条理，全员做清扫，环境更美好
12					2	减少浪费，提升质量；整齐舒适，安全规范
13					2	整理整顿天天做，清扫清洁时时行
14					2	整顿用心做彻底，处处整齐好管理
15					2	现场差，则市场差，市场差，则发展滞
16					2	高质量的产品源于高标准的工作环境
17					2	摒弃坏习惯，打造新风气
18					2	实施效果看得见，持之以恒是关键
19					2	落实消防责任，贯彻消防法规
20					2	消防连着你我他，保障安全靠大家

续表

序号	类别	适用地	规格说明	颜色	数量	内容
21	挂贴/横幅	车间	挂贴尺寸：180厘米（高）×40厘米（宽）横幅尺寸：1200厘米（长）×70厘米（高）	挂贴：绿底白字 横幅：红底黄字	2	安全生产人人有责，遵章守纪保障安全
22					2	生产再忙安全不忘，人命关天安全为先
23					2	安全来自长期警惕，事故源于瞬间麻痹
24					2	按章操作机械设备，时刻注意效益安全
25		仓库			2	爱惜物料，重视质量，合理规划，标识清晰
26					1	进料出料要记清，数账管理更分明
27					1	化学物品很危险，存储使用要小心
28					1	仓储原则要遵守，先进先出是基础
29		车间品管区			1	作业不正确，顾客受连累
30					2	上帝在您心中，品质在您手中
31					1	以质量求生存，以改革求发展
32					1	检验测试坚持做，一点问题不放过
33					2	人人品管做得好，顾客抱怨自然少
34		车间品管区			2	产品质量连万家，利害关系你我他
35					2	品质放松，劳而无功
36					2	规范质量行为，树立质量风气
37					1	品管提高信誉，信誉扩大销售
38					1	品质一马当先，业绩遥遥领先
39					1	人人提案创新，成本自然减轻
40					1	质量就是资源，质量就是金钱
41					1	零缺点的生产过程，一百分的优质产品

续表

序号	类别	适用地	规格说明	颜色	数量	内容
42	KT板	车间办公室	100厘米（宽）×60厘米（高）	自由设计底色	1	复杂工作简单做，简单工作认真做，认真工作重复做，重复工作创新做
43					1	汇报工作说结果，请示工作说方案，总结工作说流程，回忆工作说感受
44					1	有好思路+不执行=0　有好制度+不执行=0　布置工作+不检查=0
45					1	正确指导+强制执行=管理
46		车间会议室			1	会而必议，议而必决，决而必行，行而必果
47		办公室1F			1	笑容是我的长相，开心是我的个性，赞美是我的习惯
48					1	积极进取有担当，专业智慧有表现，认真服从有目标
49	挂贴	食堂	120厘米（高）×40厘米（长）	绿底白字	1	浪费可耻，节约光荣
50					2	珍惜盘中餐，粒粒皆辛苦
51					2	保持卫生清洁，共创美好环境
52					1	一粥一饭当思来之不易，一点一滴常用感恩之心
53	车间牌号	各车间	60厘米×40厘米	绿底白字	14	1#车间、2#车间，直到14#车间
54	7S袖章	7S成员		红底黄字	15	7S检查
55	锦旗		标准型	红底黄字		月度7S评比第一名（落款××公司）

（3）最高主管的宣言。推行委员会应集合全体员工，由最高主管强调和说明推动7S活动的决心、信心和重要性。

2.4.2 教育训练与考核

2.4.2.1 培训对象

在7S推行活动中的教育对象包括以下人员。

（1）管理人员。

（2）员工。

（3）审核员（现场审核前开展培训）。

管理人员和审核员的培训由7S小组组长负责。

2.4.2.2 培训方法

员工的培训按下述方法进行。

（1）新进人员。由人力资源部负责组织培训。

（2）现有员工。由各部门自行负责组织培训。

2.4.2.3 考核

由7S小组成员负责对所有接受培训的人员进行卷面考核，对于考核不合格者按下述方式处理。

（1）管理人员和审核员。采取每天补考一次，直到合格为止的方法。

（2）老员工。由各部门再次组织培训（可采用实际操练的方式进行），干事于2天后再组织补考，直至合格的方法。

（3）新员工。每人给予一次补考的机会，补考不合格者，做试用不合格处理。

2.5 建立 7S 活动样板区

2.5.1 开展样板区7S活动的程序

开展样板区7S活动首要的任务是设法快速地展现7S成果，目的是要给领导和员工以必胜的信心。因此，在设计示范区7S活动的时候，就应该考虑将活动步骤进行整合或简化，使其达到快速见效的目的。

示范区7S活动的主要程序如图2-1所示。

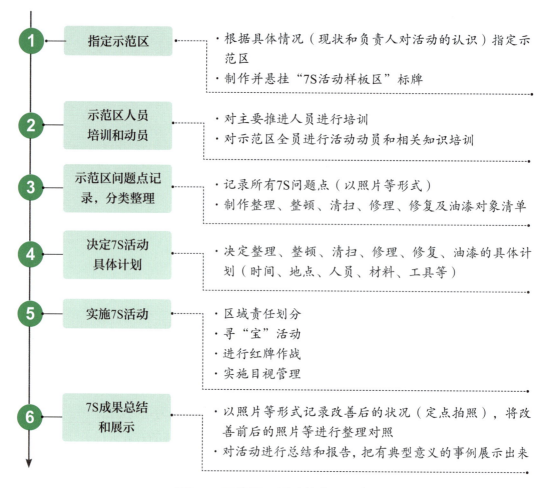

图2-1 示范区7S活动的主要程序

2.5.2 样板区的选择

选择样板区，就是要在公司范围内找到一个突破口，并为大家创造一个可以借鉴的样板。为了达到这样一个目的，推行委员会在选择7S活动样板区的时候应注意以下事项。

2.5.2.1 选择硬件条件差、改善难度大的部门作为样板区

如果选择一个硬件条件好（比如说新建的厂房、新买的设备等）的车间或部门，短期的7S活动很难创造出令人信服的效果，特别是能够产生视觉冲击力的7S效果。相反，选择一个硬件条件差、改善难度大的车间或部门，通过短期、集中的7S活动，使管理现场得到根本的改变，特别是一些长期脏、乱、差的地方得到彻底的改观，将对

员工产生巨大的视觉冲击,从而使样板区真正发挥样板区的作用。

2.5.2.2 选择具有代表性的部门作为样板区

在选择7S活动样板区时,还应考虑所选择的样板区应有一定的代表性,其现场中所存在的问题具有普遍性。只有这样,改善的效果才有说服力,才能被大多数人认同和接受。不然,就很难达到预期的效果,也就不能给其他部门提供示范和参考作用。

2.5.2.3 所选样板区的责任人改善意识要强

要想样板区的7S活动在短期内见效,选择改善意识比较强的负责人尤为重要。否则,再好的愿望都会落空。

2.5.3 样板区的活动重点

样板区的活动重点,如表2-5所示。

表2-5 样板区的活动重点

活动名称	活动内容	备注
在短期内突击进行整理	必须在短时间内,对整个车间进行一次大盘点,为对无用品的处理做准备	
下狠心对无用品进行处理	"做好整理工作的关键是废弃的决心",就是对那些无用品进行处理的决心	把确定的废弃品扔掉,把待定的物品分类转移到另外的场所,待上级确定
快速的整顿	以工作或操作的便利性、使用的频度、安全性、美观等,决定物品的放置场所和方法,对所有已摆放归位的物品,要采用统一的标志	因为时间的关系,可先采用特定的标志方法,待下一步再研究统一的标志方法
彻底的清扫	短期内发动全体员工进行彻底的清扫,对难点采取特殊的整理措施,对于设备陈旧最好的办法是涂上新的油漆	

2.5.4 样板区7S活动效果确认及总结报告

要使样板区的7S活动成果能够成为全公司整个7S活动的方向标,推行委员会应该力求做好以下几个方面的工作。

2.5.4.1 活动成果的报告和展示

推行委员会首先要对样板区的7S活动成果进行系统总结，总结的内容通常包括活动计划、对员工的培训、活动过程、员工对活动的参与情况、活动成果和改善事例等。有条件的话，可以把这些内容制成墙报，并集中展示出来，让全体员工了解示范区的7S活动。

除此之外，还可以通过说明会、报告会和内部刊物等多种形式进行广泛宣传。

2.5.4.2 组织样板区参观活动

为了让公司内更多的人了解样板区的改善成果，组织样板区参观活动是一个很有效的方法。要使参观活动有成效，就要做好以下几个方面的准备工作。

（1）准备好参观的景点和需要做重点介绍的事项，在现场对改善事例进行展示。

（2）指定对改善事例解说的员工（通常是改善者本人），并按要求做好解说准备。

（3）参观人员分组时，注意在每一个小组内安排企业高层参与。

2.5.4.3 高层领导的肯定和关注

开展样板区活动的目的就是要通过局部的改善带动活动的全面开展，起到以点带面的作用。为了使样板区的改善成果有号召力，企业高层对改善成果的认同是很关键的。企业领导应该对成果表示关注和肯定，积极参与样板区参观活动，在各种场合表达对改善成果的赞许。

2.6 全面推进 7S 活动

当样板区7S活动推行成功后，推行委员会就应该依照样板区的工作标准、工作经验在公司内各车间、各部门大面积地横向展开。

2.7 7S 活动日常检查与评比活动

2.7.1 检查与评比的活动方式

7S检查与评比分日常检查、定期／不定期检查两种方式。

2.7.1.1 日常检查

（1）由指定专人依照事先拟定的检查项目每日进行检查。

（2）当发现不合格项或违规项时，当场记录，请当事人签名。当事人不在现场时，拍照存证，或由现场其他人员签名。

(3)有不合格项或违规项时,视为严重违纪,检查人可逐级上报,至最终裁决层。

2.7.1.2 定期／不定期检查

由7S管理推进小组实施,检查方式比照日常检查进行。其检查路径、顺序由抽签方式实时决定。

定期检查评比通常一个月一次,针对的是所有的部门、所有的区域,同时,对检查的结果一定要做出比较,要排定名次,如果企业设有"7S之星"流动红旗的话,也要让这面旗流动起来,发挥激励的作用。

2.7.2 制定检查评分标准

检查评分标准要事先制定好,可以按车间和办公室来区分。

以下是某企业各部门7S检查评分标准表范本,供读者参考。

范本　办公区7S检查评分标准表

办公区7S检查评分标准表

被检查部门：　　　　得分：　　　　日期：

序号	检查标准	得分	备注
1	桌椅摆放整齐,擦拭干净,明确保养责任人		
2	办公桌、台柜文件、数据、用具做好定位管理		
3	办公桌面文件、文具是否按要求摆放整齐		
4	电话、计算机、打印机无尘		
5	桌椅、台柜无积尘		
6	计算机线、电话线是否束起来,电源线路排列整齐		
7	个人物品与办公用品分开放置		
8	私人水杯是否按要求摆放		
9	台柜放置物品有标示且与存放的内容一致		
10	下班时,桌面清理整齐干净		
11	地面、角落清扫干净,无积尘、纸屑		
12	各种电源、电路、灭火器及消防栓等是否定期检查		
13	窗帘、窗台干净无尘		

续表

序号	检查标准	得分	备注
14	墙壁无蜘蛛网、手脚印		
15	墙壁无乱涂乱画、乱张贴		
16	办公桌上没有与工作无关的物品		
17	垃圾桶是否有定位线、最高定量线		
18	垃圾桶内的垃圾是否及时清理		
19	文件是否分类存放、标识清楚并有明确的负责人		
20	不要的旧文件、数据是否及时处理		
21	是否能随时取出必要的文件		
22	文件夹有标示且与放置内容一致		
23	同一部门的文件标识是否统一		
24	是否按公司着装要求着装		
25	厂区内只允许在指定区域进食		
26	加分项		
总分：			
负责人签名：		检查人签名：	
评分标准："0"表示没有或部分区域没有推行7S活动，"1"表示工作表现差，虽开展了7S活动，但没效果，"2"表示工作一般，有但不严重；"3"表示工作优良，基本符合7S活动要求；"4"表示工作优秀，7S活动推行彻底。			

范本 车间7S检查评分标准表

车间7S检查评分标准表

被检查部门：　　　　　　得分：　　　　　　日期：

序号	检查标准	得分	备注
1	经常使用的物品放在易取的地方		
2	长期不用但偶尔使用的物品放置在指定的位置		
3	物料、物品放置有总体规划		

续表

序号	检查标准	得分	备注
4	区域划分有标识，且标识清楚		
5	是否划分不良品区，不良品是否有明确的标识		
6	不同的生产线、工序设有标识牌		
7	不同物料用适当的标识进行区分		
8	加工材料、待检物料、半成品等摆放整齐、美观		
9	搬运工具定位摆放，无油污		
10	机械设备清洁，无油墨或机油滴落		
11	机械设备摆放整齐，并有相应的标识		
12	工具摆放整齐、美观，且有标识		
13	工作台面整齐干净，无杂物、异物和私人用品		
14	工作场所整洁、不杂乱，且无杂物、异味		
15	原辅材料、半成品、成品要做到账、物、卡三者一致		
16	各种物料放置符合先进先出的原则		
17	地面清洁，无杂物、无油渍、无灰尘		
18	墙面、天花板、门窗清洁，无蜘蛛网、污迹		
19	安全出口是否堆放有其他杂物		
20	是否按作业规定使用劳保用品		
21	各种电源、电路、灭火器及消防栓等是否定期检查		
22	清洁用品（抹布、手套、扫把等）定位摆放		
23	垃圾桶是否及时清理		
24	工作人员按要求着装、佩戴工作卡		
25	部门内部是否有关于7S的宣传栏		
26	加分项		

总分：

负责人签名：　　　　　　　　检查人签名：

评分标准："0"表示没有或部分区域没有推行7S活动，"1"表示工作表现差，虽开展了7S活动，但没效果，"2"表示工作一般，有但不严重；"3"表示工作优良，基本符合7S活动要求；"4"表示工作优秀，7S活动推行彻底。

2.7.3 实施检查

评比与考核的实施与内审差不多（请参考内审的有关内容），在此不多述。

2.7.4 检查后的处理

2.7.4.1 针对问题点发出红牌

这一点也与内部审核一样，一定要针对不合格的地方发出红牌，要求被检查部门做出改善，承诺改善日期，并在确定的日期内进行复查，直到改善好为止。

2.7.4.2 评比结果汇总

检查与评比组组长根据各个成员的"7S活动评比与考核表"填写"7S活动评比与考核结果报告表"，并连同评比检查表一起上交7S推行办公室。由7S推行办公室做出评比结果汇总（如表2-6所示）。

表2-6　工厂7S检查打分情况汇总表

7S区域		检查日期	检查人员	7S检查打分	上月得分	备注
办公区	市场部					
	技术部					
	采购部					
	PMC					
	仓库					
	品质部					
	工程部					
车间	电镀车间					
	喷漆车间					
	装配车间					
	包装车间					
	……					

续表

7S区域		检查日期	检查人员	7S检查打分	上月得分	备注
仓库	原材料仓					
	半成品仓					
	成品仓					

2.7.5 评比分析报告

评比分析报告即对本次评比中出现的问题，尤其是扣分比较多的问题进行分析，提出改进措施。

以下提供某企业各车间7S检查内容汇总及简析报告，供读者参考。

范本 ××年度各车间7S检查内容汇总及简析

××年度各车间7S检查内容汇总及简析

序号	检查标准	各车间失分项分析	改善建议
1	经常使用的物品放在易取的地方	本项各车间做得较好，极少扣分，但现场容易出现混乱	各车间注意综合评估现场环境，统一规划，合理放置
2	长期不用但偶尔使用的物品放置在指定的位置	多数区域做得较到位，较少扣分，但主要不足是无相应标志	各车间加强管理，及时做好标示
3	物料、物品放置有总体规划	各区域均有总体规划概念，但现场没有明确体现，有时因人员调动，会出现混乱	车间从总体上规划本部门的清洁区，重点控制，全面预防
4	区域划分有标志，且标志清楚	各部门或区域极少被扣分，做得较好	
5	是否划分不良品区，不良品是否有明确的标志	多数区域做得较到位，个别部门因划分不明确，无固定区域，易导致不良品出现交叉污染隐患，主要涉及区域为成品仓	做好规划，明确不同产品区域，同时加强日常管理和监督检查工作

续表

序号	检查标准	各车间失分项分析	改善建议
…			

评分标准：满分100分，共25个项目，每个分项目满分为4分。第26项为"加分项"，奖励提出合理化建议者。"0"分表示该单项没有或部分区域没有推行7S活动；"1"分表示该单项工作表现差，虽开展了7S活动，但没效果；"2"分表示该单项工作一般，有但不严重；"3"分表示该单项工作优良，基本符合7S活动要求；"4"分表示该单项工作优秀，7S活动推行彻底。"加分项"定为每个合理化建议加2分。

2.7.6 评比结果的运用

每次评比与考核都应该将结果公布出来，并根据评比考核办法，该奖励的要奖励，该罚的要罚。如果有流动红旗的话，一定要运用起来。

2.8 7S 活动评审

为评价7S活动和有关结果是否符合公司的期望和要求，以及寻求继续改善的可能性空间，有些企业会按照ISO 9001管理体系的要求进行自我系统性的检查，也就是内部审核，内部审核的活动通常一个季度一次，有的也可能一年才一次。

2.8.1 制定7S审核评分标准

为确保定期的7S内部审核有标准可依，也使内部审核具有公平性，须事先制定评分标准，而且这一标准要让全体员工了解，以便在评审时能做到心服口服。

对工厂而言，7S的内审检查评分标准分为两种：一种是用于工作现场的评分标准，适用于车间、仓库等一线部门；另一种是科室评分标准，适用于办公室等非生产一线的工作场所。评分标准中的内容一般按整理、整顿、清扫、安全、节约、清洁、素养七个方面来制定，也可以根据所在地方的布置情况来进行设计。

下面是某企业办公区与生产区评分标准，供读者参考。

范本 **办公区7S内审评分标准**

办公区7S内审评分标准

项目	序号	标准内容	扣分
1.1 地面	1.1.1	办公设施通道畅通明确	1.5
	1.1.2	地上无垃圾、无杂物、保持清洁	1.5
	1.1.3	暂放物有"暂放标志牌"	1.5
	1.1.4	物品存放于定位区域内	1.5
	1.1.5	地面无积水	1.5
	1.1.6	地面的安全隐患处(突出物、地坑等)应有防范或警示措施	1.5
1.2 垃圾桶	1.2.1	定位摆放，标志明确	1.5
	1.2.2	本身保持干净，垃圾不超出容器	1.5
1.3 盆栽（包括台上摆放的）	1.3.1	盆栽需定位（无需定位线）	1.5
	1.3.2	盆栽周围干净、美观	1.5
	1.3.3	盆栽叶子保持干净，无枯死	1.5
	1.3.4	盆栽容器本身干净	1.5
2.1 办公桌、椅	2.1.1	办公桌定位摆放，隔断整齐	1.5
	2.1.2	抽屉应分类标志，标志与物品相符	1.5
	2.1.3	台面保持干净，无灰尘杂物，无规定外的物品	1.5
	2.1.4	台面物品按定位摆放（除正在使用外），不拥挤凌乱	1.5
	2.1.5	人员下班或离开工作岗位10分钟以上，台面物品、办公椅归位	1.5
	2.1.6	办公抽屉不杂乱，公私物品分类定置	1.5
	2.1.7	与正进行的工作无关的物品应及时归位	1.5
	2.1.8	玻璃下压物尽量减少并放整齐，不压日历、电话表以外的数据	1.5

续表

项目	序号	标准内容	扣分
2.2 茶水间、饮水区	2.2.1	地面无积水	1.5
	2.2.2	整洁、卫生	1.5
	2.2.3	饮水器保持正常状态	1.5
	2.2.4	水杯、水瓶定位、标志	1.5
2.3 其他办公设施	2.3.1	热水器、空调、计算机、复印机、传真机、碎纸机等保持正常状态，有异常作出明显标志	1.5
	2.3.2	保持干净	1.5
	2.3.3	明确责任人	1.5
	2.3.4	暖气片及管道上不得放杂物	1.5
3.1 门、窗	3.1.1	门扇、窗户玻璃保持明亮干净	1.5
	3.1.2	窗帘保持干净	1.5
	3.1.3	窗台上无杂物	1.5
	3.1.4	门窗、窗帘无破坏	1.5
	3.1.5	有门牌标志	1.5
	3.1.6	门窗玻璃无乱张贴现象	1.5
3.2 墙	3.2.1	保持干净，无脏污、乱画	1.5
	3.2.2	没有非必需品悬挂	1.5
	3.2.3	电器开关处于安全状态，标志明确	1.5
	3.2.4	墙身贴挂应保持整齐，窗体通知定位在公告栏内	1.5
	3.2.5	墙体破损处及时修理	1.5
	3.2.6	没有蜘蛛网	1.5
3.3 天花板	3.3.1	破损处及时修复，没有剥落	1.5
	3.3.2	没有吊着非必需品	1.5
3.4 公告栏、广告牌	3.4.1	单位主要部门应有广告牌（如"人员去向板""管理广告牌"等）	1.5
	3.4.2	做好版面设置，标题明确，有责任人	1.5
	3.4.3	无过期张贴物	1.5
	3.4.4	员工去向管理板及时填写、擦除	1.5

续表

项目	序号	标准内容	扣分
3.4 公告栏、广告牌	3.4.5	笔刷齐备，处于可使用状态	1.5
	3.4.6	内容充实，及时更新	1.5
4.1 文件资料、文件盒	4.1.1	定位分类放置	1.5
	4.1.2	按规定标志清楚，明确责任人	1.5
	4.1.3	夹（盒）内文件定期清理、归档	1.5
	4.1.4	活页夹（盒）保持干净	1.5
	4.1.5	文件归入相应活页夹（盒）	1.5
	4.1.6	单位组长以上管理人员应建立7S专用文件夹，保存主要的7S活动资料文件	1.5
4.2 文件柜(架)	4.2.1	文件柜分类标志清楚，明确责任人	1.5
	4.2.2	文件柜保持干净，柜顶无积尘、杂物	1.5
	4.2.3	文件柜里放置整齐	1.5
	4.2.4	文件柜内物品、数据应分区定位，标志清楚	1.5
5.1 服装、鞋袜	5.1.1	不穿时存放于私人物品区	1.5
	5.1.2	服装、鞋袜、洗漱用品放入指定区域	1.5
5.2 私物	5.2.1	一律摆放于私人物品区	1.5
6.1 着装标准	6.1.1	按着装规定穿戴服装	1.5
	6.1.2	工作服、帽，干净无破损	1.5
6.2 规章制度	6.2.1	没有呆坐、打瞌睡	1.5
	6.2.2	没有聚集闲谈或大声喧哗	1.5
	6.2.3	没有吃零食	1.5
	6.2.4	不做与工作无关的事项（看报、小说等）	1.5
	6.2.5	没有擅自串岗、离岗	1.5
	6.2.6	配合公司7S活动，尊重检查指导人员，态度积极主动	1.5
	6.2.7	单位班组长以上管理人员应建立7S专用文件夹，保存主要的7S活动资料文件	1.5
	6.2.8	工作区域的7S责任人划分清楚，无不明责任的区域	1.5

续表

项目	序号	标准内容	扣分
6.2 规章制度	6.2.9	7S区域清扫责任表和点检表要按时、准确填写，不超前、不落后，保证与实际情况相符	1.5
	6.2.10	单位应制定本单位"7S员工考核制度"，并切实执行，保存必要记录	1.5
	6.2.11	单位应有"7S宣传栏（或园地）"，有专人负责，定期更换，并保存记录	1.5
	6.2.12	单位经常对职工（含新员工）进行7S知识的宣传教育，并有记录	1.5
	6.2.13	单位建立经常性的晨会制度，车间级每天至少一次，班组每天班前进行一次	1.5
	6.2.14	按"礼貌运动推行办法"教育职工，要求员工待人有礼节，不说脏话，做文明礼貌人	1.5
	6.2.15	各单位应制定本单位《职业规范》，教育职工严格遵守	1.5
	6.2.16	要求单位成员对7S活动的口号、7S意义、基本知识有正确认识，能够表述	1.5
7.1 能源	7.1.1	厉行节约，无长流水、无长明灯等浪费	1.5
8.1 休息室、休息区、会客室、会议室	8.1.1	各种用品保持干净，定位标志	1.5
	8.1.2	各种用品、凳子及时归位	1.5
	8.1.3	饮用品应保证安全卫生	1.5
	8.1.4	烟灰缸及时倾倒，烟头不乱扔	1.5
	8.1.5	地面保持干净	1.5
8.2 洗手间	8.2.1	保持干净，无大异味，无乱涂画	1.5
	8.2.2	各种物品应摆放整齐，无杂物	1.5
8.3 清洁用具	8.3.1	清洁用具定位摆放，标志明确	1.5
	8.3.2	本身干净，容器内垃圾及时倾倒	1.5
9.1 加减分	9.1.1	同一问题重复出现，重复扣分	2
	9.1.2	发现未实施整理整顿清扫的"7S实施死角"1处	10
	9.1.3	有突出成绩的事项（如创意奖项），视情况加分	+2

范本 作业区7S内审评分标准

作业区7S内审评分标准

项目	序号	标准内容	扣分
1.1 地面上	1.1.1	地面物品摆放有定位、标志、合理的容器	1.5
	1.1.2	地面应无污染(积水、油污、油漆等)	1.5
	1.1.3	地面应无不要物、杂物和卫生死角	1.5
	1.1.4	地面区域划分合理,区域线、标志清晰无剥落	1.5
	1.1.5	应保证物品存放于定位区域内,无压线	1.5
	1.1.6	安全警示区划分清晰,有明显警示标志,悬挂符合规定	1.5
	1.1.7	地面的安全隐患处(突出物、地坑等)应有防范或警示措施	1.5
1.2 设备、仪器、仪表、阀门	1.2.1	开关、控制面板标志清晰,控制对象明确	1.5
	1.2.2	设备仪器保持干净,摆放整齐,无多余物	1.5
	1.2.3	设备仪器明确责任人员,坚持日常点检,有真实的记录,确保记录清晰、正确	1.5
	1.2.4	应保证处于正常使用状态,非正常状态应有明显标志	1.5
	1.2.5	危险部位有警示和防护措施	1.5
	1.2.6	设备阀门标志明确	1.5
	1.2.7	仪表表盘干净清晰,有正确的正常范围标志	1.5
1.3 材料、物料	1.3.1	放置区域合理划分,使用容器合理,标志明确	1.5
	1.3.2	各种原材料、半成品、成品应整齐码放于定位区内	1.5
	1.3.3	不合格品应分类码放于不合格品区,并有明显的标志	1.5
	1.3.4	物料、半成品及产品上无积尘、杂物、脏污	1.5
	1.3.5	零件及物料无散落地面	1.5

续表

项目	序号	标准内容	扣分
1.4 容器、货架	1.4.1	容器、货架等应保持干净，物品分类定位摆放整齐	1.5
	1.4.2	存放标志清楚，标志向外	1.5
	1.4.3	容器、货架本身标志明确，无过期及残余标志	1.5
	1.4.4	容器、货架无破损及严重变形	1.5
	1.4.5	危险容器搬运应安全	1.5
1.5 叉车、电瓶车、拖车	1.5.1	定位停放，停放区域划分明确，标志清楚	1.5
	1.5.2	应有部门标志和编号	1.5
	1.5.3	应保持干净及安全使用性	1.5
	1.5.4	应有责任人及日常点检记录	1.5
1.6 工具箱、柜	1.6.1	柜面标志明确，与柜内分类对应	1.5
	1.6.2	柜内工具分类摆放，明确品名、规格、数量	1.5
	1.6.3	有合理的容器和摆放方式	1.5
	1.6.4	各类工具应保持完好、清洁，保证使用性	1.5
	1.6.5	各类工具使用后及时归位	1.5
	1.6.6	柜顶无杂物，柜身保持清洁	1.5
1.7 工作台、凳、梯	1.7.1	上面物品摆放整齐、安全，无不要物和非工作用品不得摆放	1.5
	1.7.2	保持正常状态，整洁干净	1.5
	1.7.3	非工作状态时按规定位置摆放（归位）	1.5
1.8 清洁用具、清洁车	1.8.1	定位合理不堆放，标志明确，及时归位	1.5
	1.8.2	清洁用具本身干净整洁	1.5
	1.8.3	垃圾不超出容器口	1.5
	1.8.4	抹布等应定位，不可直接挂在暖气管上	1.5
1.9 暂放物	1.9.1	不在暂放区的暂放物需有暂放标志	1.5
	1.9.2	暂放区的暂放物应摆放整齐、干净	1.5
1.10 呆料	1.10.1	有明确的摆放区域，并予以分隔	1.5
	1.10.2	应有明显标志	1.5

续表

项目	序号	标准内容	扣分
1.10 呆料	1.10.3	做好防尘及清扫工作，保持干净及原状态	1.5
1.11 油桶、油类	1.11.1	有明确的摆放区域，分类定位，标志明确	1.5
	1.11.2	按要求摆放整齐，加油器具定位放置，标志明确，防止混用	1.5
	1.11.3	油桶、油类的存放区应有隔离防污措施	1.5
1.12 危险品、（易燃有毒等）	1.12.1	有明确的摆放区域，分类定位，标志明确	1.5
	1.12.2	隔离摆放，远离火源，并有专人管理	1.5
	1.12.3	有明显的警示标志	1.5
	1.12.4	非使用时应存放指定区域内	1.5
1.13 通道	1.13.1	通道划分明确，保持通畅，无障碍物，不占道作业	1.5
	1.13.2	两侧物品不超过通道线	1.5
	1.13.3	占用通道的工具、物品应及时清理或移走	1.5
	1.13.4	信道线及标志保持清晰完整	1.5
2.1 墙身	2.1.1	墙身、护墙板及时修复，无破损	1.5
	2.1.2	保持干净，没有剥落及不要物，无蜘蛛网、积尘	1.5
	2.1.3	贴挂墙身的各种物品应整齐合理，窗体通知归入公告栏	1.5
	2.1.4	墙身保持干净，无不要物（如过期标语、封条等）	1.5
	2.1.5	主要区域、房间应有标志铭牌或布局图	1.5
	2.1.6	生产现场应无隔断遮挡、自建房中房等	1.5
2.2 数据、标志牌	2.2.1	应有固定的摆放位置，标志明确	1.5
	2.2.2	作业指导书、记录、标志牌等挂放或摆放整齐、牢固、干净	1.5
	2.2.3	标牌、数据记录正确，具有可参考性	1.5
	2.2.4	组长以上管理人员应建立7S专用文件夹，保存主要的7S活动资料文件	1.5
2.3 宣传栏、广告牌	2.3.1	主要班组应有广告牌（如"班组园地""管理广告牌"等）	1.5
	2.3.2	干净并定期更换，无过期公告，明确责任人	1.5
	2.3.3	版面设置美观、大方，标志明确，内容充实	1.5

续表

项目	序号	标准内容	扣分
2.4 桌面	2.4.1	现场桌面无杂物、报纸、杂志	1.5
	2.4.2	物品摆放有明确位置、不拥挤凌乱	1.5
	2.4.3	桌面干净、无明显破损	1.5
	2.4.4	玻璃下压物尽量减少并放整齐,不压日历、电话表以外的数据	1.5
2.5 电器、电线、开关、电灯	2.5.1	开关须有控制对象标志,无安全隐患	1.5
	2.5.2	保持干净	1.5
	2.5.3	电线布局合理整齐,无安全隐患(如裸线、上挂物等)	1.5
	2.5.4	电器检修时需有警示标志	1.5
2.6 消防器材	2.6.1	摆放位置明显,标志清楚	1.5
	2.6.2	位置设置合理,有红色警示线,线内无障碍物	1.5
	2.6.3	状态完好,按要求摆放,干净整齐	1.5
	2.6.4	有责任人及定期点检	1.5
2.7 辅助设施	2.7.1	风扇、照明灯、空调等按要求放置,清洁无杂物,无安全隐患	1.5
	2.7.2	日用电器无人时应关掉,无浪费现象	1.5
	2.7.3	门窗及玻璃等各种公共设施干净无杂物	1.5
	2.7.4	废弃设备及电器应标志状态,及时清理	1.5
	2.7.5	保持设施完好、干净	1.5
	2.7.6	暖气片及管道上不得放杂物	1.5
3.1 着装及劳保用品	3.1.1	劳保用品明确定位,整齐摆放,分类标志	1.5
	3.1.2	按规定要求穿戴工作服,着装整齐、整洁	1.5
	3.1.3	按规定穿戴面罩、安全帽等防护用品	1.5
	3.1.4	晾衣应有专门区域,合理设置不影响工作及房间美观	1.5
3.2 规章制度	3.2.1	工作时间不得睡觉、打瞌睡	1.5
	3.2.2	无聚集闲谈、吃零食和大声喧哗	1.5
	3.2.3	不看与工作无关的书籍、报纸、杂志	1.5
	3.2.4	不乱丢烟头(工作区、厂区)	1.5

续表

项目	序号	标准内容	扣分
3.2 规章制度	3.2.5	配合公司7S活动，尊重检查指导人员，态度积极主动	1.5
	3.2.6	要求单位成员对7S活动的口号、7S意义、基本知识有正确认识，能够表述	1.5
	3.2.7	没有擅自串岗、离岗	1.5
	3.2.8	单位班组长以上管理人员应建立7S专用文件夹，保存主要的7S活动资料文件	1.5
	3.2.9	工作区域的7S责任人划分清楚，无不明责任的区域	1.5
	3.2.10	7S区域清扫责任表和点检表要按时、准确填写，不超前、不落后，保证与实际情况相符	1.5
	3.2.11	单位应制定本单位"7S员工考核制度"，并切实执行，保存必要之记录	1.5
	3.2.12	应有"7S宣传栏（或园地）"，有专人负责，定期更换，并保存记录	1.5
	3.2.13	经常对职工（含新员工）进行7S知识的宣传教育，并有记录	1.5
	3.2.14	建立晨会制度，车间级每天至少一次，班组每天班前进行一次	1.5
	3.2.15	按"礼貌运动推行办法"教育职工，要求员工待人有礼节，不说脏话，做文明礼貌人	1.5
	3.2.16	制定本单位《职业规范》，教育职工严格遵守	1.5
3.3 生活用品、私人用品	3.3.1	定位标志，整齐摆放，公私物品分开	1.5
	3.3.2	水壶、水杯按标摆放整齐，保持干净	1.5
	3.3.3	手巾、洗漱用品、鞋袜等按要求摆放整齐，保持干净	1.5
3.4 加减分	3.4.1	同一问题重复出现，重复扣分	2
	3.4.2	发现未实施整理整顿清扫的"7S实施死角"1处	10
	3.4.3	有突出成绩的事项（如创意奖项），视情况加分	+2

2.8.2 制定内部审核评分表

推行小组在制定评分表时要遵循以下原则。

（1）绝对不能用一张表打通关，因为，用这种类似平等方式的评分方式，是很容易使得这项活动不了了之的，所以，一定要依单位的性质予以不同的评分内容与标准。

（2）将所希望的有关部门达到的目标或方向，作为检核的内容，让他们知道，公司就是希望他们达到这些目标或方向，如此一来，执行单位能比较集中到企业所需求的方向上。

同时，推行小组在编制过程中还要考虑到不同企业的实际情况和生产特点，力求内容全面，但版本不能太多，这样大家可以在一个平台上进行考核，互相有比较。

另外，由于每一家企业的性质都不同，所以，为了达到7S的评分表能保证客观的目的，评分表的设计最好是量身定做，当然，在这方面有困难的话，可找些其他公司或参考书上现成的例子，在此基础上略加修改而形成。

以下是某企业车间（生产区）和办公区的内审评分表范本，供读者参考。

范本　车间7S内审评分表

车间7S内审评分表

序号	项目	项目内容	评定分数	车间A	车间B	……
1	整理	责任区内把永远不用及不能用的物品清理掉	02			
		责任区内把半个月以上不用的物品放置指定位置	02			
		工作台面上废料及时清理，并放置在指定废料盒上	02			
		责任区的每一区域7S有指定的负责人并标识	02			
		重点工位不良品及时清理，并放在指定地方	02			
		车间管理人员办公桌按办公区7S规范严格要求，搞好7S	02			

续表

序号	项目	项目内容	评定分数	车间A	车间B	……
2	整顿	工作区、物品放置区、信道位置必须进行规划，并明显标识	02			
		责任区内产品、吸塑盒、工装夹治具、物料的放置有规划	02			
		产品、吸塑盒、工装夹治具、物料放置分类，并明显标识	02			
		信道畅通，无物品占住通道	02			
		生产线有标识，物料盒有标识	02			
		工序有标识	02			
		设备标识	02			
		工模夹治具有标识	02			
		仪器设备、工模夹治具摆放整齐	02			
		工作台面物料、成品、半成品摆放整齐	02			
3	清扫	地面无碎物、脏污	02			
		墙壁无污痕	02			
		天花板无蜘蛛网	02			
		门窗抹洗干净，无灰尘	02			
		工作台面清扫干净，无灰尘	02			
		仪器设备、工模夹具无灰尘油污，干净清洁	02			
		箱盖无灰尘	02			
4	安全	本月内没有安全事故发生（如有，安全项为0分）	02			
		每个楼层均有紧急逃生图且为员工理解	02			
		车间安全标识齐全且张贴于醒目处	02			
		设备操作指导书上均有安全操作规则	02			
		设备、化学品均处于安全状态	02			

续表

序号	项目	项目内容	评定分数	车间A	车间B	……
4	安全	所有安全信道、消防信道均畅通无阻	02			
		定期进行安全意识的培训	02			
		定期进行安全事故的统计和原因分析并向员工倡导	02			
5	节约	部门定期有成本降低方案并按此执行	02			
		定期向部门员工倡导开源节流的意识	02			
		定期对部门的报废状况进行统计并向员工倡导	02			
		员工开源节流意识强烈	02			
6	清洁	每天下班有7S工作安排	02			
		有自我检查计划并做记录（检查人、时间、情况）	02			
		对存在的问题能纠正改善	02			
		整理、整顿、清扫保持要好	02			
		物料盒、废料盒定时清洁	02			
7	素养	员工戴厂牌、着装符合规范，工帽符合规范	02			
		生产线工作人员工作时间不许佩戴手表及其他金属物	02			
		员工离位必须把凳子放在靠工作台的地方	02			
		员工必须按制程要求佩戴指套、防静电手腕	02			
		温湿度记录表完整	02			
		必须对7S核查人员的询问热情回答	02			
		工作时间观念强	02			
		工作人员坐姿端正	02			
		总分				

检查员：　　　　　　　　　　　　检验日期：

范本 **办公室7S内审评分表**

办公室7S内审评分表

序号	项目	项目内容	评定分数	采购部	财务部	……
1	整理	将不再使用的文件数据、工具废弃处理	02			
		将长期不使用的文件数据按编号归类放置指定文件柜	02			
		将常使用的文件数据放置就近位置	02			
		将正在使用的文件数据分未处理、正处理、已处理三类	02			
		将办公用品摆放整齐	02			
		台面、抽屉最低限度地摆放	02			
2	整顿	办公桌、办公用品、文件柜等放置要有规划和标识	02			
		办公用品、文件放置要整齐有序	02			
		文件处理完后均要放入活页夹，且要摆放整齐	02			
		活页夹都有相应的标识，每份文件都应有相应的编号	02			
		办公桌及抽屉整齐、不杂乱	02			
		私人物品放置于规定位置	02			
		计算机线用绑带扎起，不零乱	02			
		用计算机检索文件	02			
3	清扫	将地面、墙、天花板、门窗、办公台等打扫干净	02			
		办公用品擦洗干净	02			
		文件记录破损处修补好	02			
		办公室通风、光线通足	02			
		没有噪声和其他污染	02			

续表

序号	项目	项目内容	评定分数	采购部	财务部	……
4	安全	本月内没有安全事故发生（如有，安全项为0分）	02			
		每个楼层均有紧急逃生图且为员工理解	02			
		安全标识齐全且张贴于醒目处	02			
		所有安全信道、消防信道均畅通无阻	02			
		定期进行安全意识的培训	02			
		定期进行安全事故的统计和原因分析并向员工倡导	02			
5	节约	部门定期有成本降低方案并按此执行	02			
		定期向部门员工倡导开源节流的意识	02			
		定期对部门的报废状况进行统计并向员工倡导	02			
		员工开源节流意识强烈	02			
6	清洁	每天上下班花3分钟做7S工作	02			
		随时自我检查，互相检查，定期或不定期进行检查，对不符合的情况及时纠正	02			
		整理、整顿、清扫保持得非常好	02			
7	素养	员工戴厂牌、穿厂服，且整洁得体，仪容整齐大方	02			
		员工言谈举止文明有礼，对人热情大方	02			
		员工工作精神饱满，员工有团队精神，互帮互助，积极参加7S活动，员工时间观念强	02			
		总分				

检查员：　　　　　　　　　　　　检验日期：

2.8.3 实施审核

2.8.3.1 主要审核内容

（1）执行标准是否贯彻实施。

（2）全员意识是否建立。

2.8.3.2 审核思路

审核思路如图2-2所示。

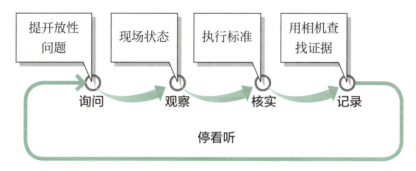

图2-2　7S的审核思路

2.8.3.3 提出不符合项

审核员对在现场审核中发现的不符合点应该拍下照片,用箭头标出不符点,并用文字明确地描述不符合的情况。

下面是某企业现场7S不符合项图片示例,供读者参考。

> **范本　现场7S不符合项图片示例**
>
> **现场7S不符合项图片**
>
>
>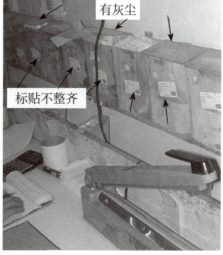

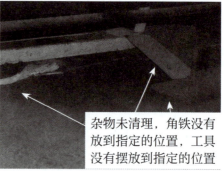

2.8.3.4 出具不合格报告

要出具不合格报告,将不合格事项加以说明,并把判断依据等填写清楚,如表2-7所示。

表2-7 7S检查不合格报告

受检查部门:　　　　　　　检查员:　　　　　　　检查日期:

序号	不合格事项说明	依据	确认	预计改善完成日期	改善跟进

2.8.4 实施状况跟踪

跟踪是审核的继续,是对受审核方的纠正和预防措施进行的评审,是验证并判断效果,并对验证的情形进行记录。

2.8.4.1 跟踪的形式

推行小组以书面形式提供给审核员或跟踪工作负责人,作为已进行纠正和预防措施的证据;审核员到现场进行跟踪、验证工作。

2.8.4.2 跟踪工作中审核员的职责

(1)证实受审核方已经找到不合格的原因。

(2)证实采取的纠正和预防措施是有效的。

(3)在跟踪过程中,审核员要证实所涉及的人员对纠正和预防措施有所认识,并进行了适当的培训,以适应变化后的情况。审核员要记录所采取的纠正和预防措施,并对有关文件进行改进。同时要向审核组长报告跟踪的结果。

2.8.4.3 跟踪程序

(1)审核组识别实际或潜在的不合格。

(2)审核组要向受审核方提出采取纠正和预防措施的建议,向受审核方发出改善通知。

(3)受审核方要提交纠正和预防措施的计划(见表2-8)。

(4)对采取纠正和预防措施的可行性予以评审。

(5)受审核方要实施并完成纠正预防措施。

(6)审核人员对审核状况不满意时,可以要求审核部门再采取下一步的行动。

表2-8 不符合项纠正预防计划

序号	不符合项	纠正预防措施	责任部门	责任人	计划完成日期	确认人	确认结果	备注

实例

纠正及预防措施通知

不合格点的说明

审核日期：<u>2019年3月28日</u>　　　NC编号：<u>7SCAR02093001</u>

审核地点：<u>2楼生产部左边入口处</u>　　审核员/记录员：<u>×××</u>

　　　　　　　　　　　　　　　　违反标准：<u>4.4</u>

改善前相片

不合格点的说明：

4H~4N拉出口处灭火器下面堆放物品严重阻塞通道
（第40周）

纠正及预防　措施纠正人：<u>×××</u>　　纠正日期：<u>2019年4月11日</u>

改善后相片

纠正及预防措施：

划定区域

跟进结果：<u>OK，第41周跟进时已划好区域地线控制乱摆放现象</u>

跟进者：<u>×××</u>　　审批：<u>×××</u>　　　　2019年4月15日

2.8.4.4 跟踪要点

对于采取的纠正和预防措施,如果效果不好时,审核员应该重新采取纠正措施,并进行更细致的跟踪检查,对有效的纠正和预防措施,应该采取巩固措施。

> 实施跟踪的人员可由原审核组的成员来进行,也可以委托其他有资格的人来进行。实施跟踪的人员必须了解该项跟踪工作的数据和情况。

2.8.4.5 跟踪检查报告

跟踪检查报告就是对于重大的纠正或预防措施的跟踪情况所形成的书面报告。跟踪检查报告可以针对一条或若干条纠正和预防措施,报告应该反映纠正和预防措施结果的判断,报告是由跟踪检查人来撰写,由跟踪工作负责人,如审核组长、7S推进委员会的主任来批准。

下面是某企业7S跟踪检查报告和7S改善方案及执行报告,供读者参考。

范本 7S跟踪检查报告

7S跟踪检查报告

序号	不良状况描述	责任部门	部门主管	改善措施或处理结果	改善完成时间	内审小组跟踪确认
1	工程部物料仓开关盒上无标志	工程部	张三	已改善		
2	工程部物料仓小材料盒的标志不规范	工程部	张三	未完全改善		
3	工程部物料仓用很多皱纹胶纸贴电源线	工程部	张三	已改善		
4	工程部制板房模具生锈严重(绕线帽)	工程部	张三	已浸油		
5	工程部样品存放在地面上,建议做样品货架	工程部	张三	还在焊样品架		

续表

序号	不良状况描述	责任部门	部门主管	改善措施或处理结果	改善完成时间	内审小组跟踪确认
6	工程部饮水处水桶摆放很乱	工程部	张三	已改善		
7	工程部所有灭火器上有很多水泥浆	工程部	张三	已改善		
8	品控部寿命测试房的右侧外墙有裂缝	品控部	李四	已改善		
9	品控部寿命测试房有一间配电房里，三部电箱正在工作里面的温度很高，没有排风系统（排风扇已请购回来，待安装）	品控部	李四	风扇已装，待接电源		

范本 7S改善方案及执行报告

7S改善方案及执行报告

部门：生产部　　　　　　　　　　　　日期：2019年4月30日

评审区域或项目	部门改善方案	部门自评结果	稽查验收结果
一、办公区域			
1. 文件摆放分类标识	（1）同类文件放在一个活页夹中，并做好标识 （2）文件归档后放入文件柜中，并做好坏标识	好，但还需要改善文件的分类，明细清楚做到一目了然	
2. 办公台面／地面整洁	（1）办公台面不允许放置任何物品 （2）地面要求每天进行清扫 （3）地面不允许丢垃圾、随便吐痰	一般。卫生死角很多待清理	

续表

评审区域或项目	部门改善方案	部门自评结果	稽查验收结果
3. 办公区域广告牌管理	生产现况板上填写内容：当天生产型号、计划数、分组人数、完成时间	清楚、明白，无过期	
4. 办公用品及纸张管理	纸张做到双面打印，对外工作联系尽量用邮件形式	好，从节约出发，当省则省	
二、加工或装配车间			
1. 7S状况1	生产现场不允许存放不用的物品或工具	无不用的物品或工具	
2. 节约（详见部门降低成本方案）	（1）减少生产中产生的边角料 （2）节约用水，下班关电	已OK	
3. 车间环境的改善状况	生产线实行配料上线，减少生产线物品积压	已OK	
4. 车间区域标识区分	车间内先要求划分合格品放置区，包装材料放置区	已OK	
5. 车间物品管理状况	所有物品在规定区域内摆放	已OK	

2.9 定期调查以调整方向

2.9.1 调查方式

推行小组应定期在公司范围内开展调查，了解员工对7S的认识及推行工作中的问题，请员工提出一些看法和建议，然后，分析这些问题，适时地调整7S活动开展的方向。调查可以用问卷的方式，也可以深入现场进行访谈、拍照。

下面是某企业7S推行调查问卷，供读者参考。

| 范本 | **7S推行调查问卷** |

7S推行调查问卷

姓名：_____   部门：_____

请根据以下项目，评价7S推行对公司及部门整体运作的表现，以便能订立下半年进行的政策及目标，从而改善工作环境，提高质量、生产能力、形象及竞争力。

序号	评价专案	非常满意 5	满意 4	一般 3	差 2	恶劣 1
1	7S执行效果的维持					
2	所有经营场地之通道（包括宿舍区）畅通程度					
3	各部门区域环境卫生状况					
4	你对7S的认识					
5	部门工作效率（如：取用文件、记录、物料、工具的速度和准确性）					
6	举办7S培训的层次及深度					
7	对于7S审核的频率及力度					
8	对于设立的7S专栏及其内容					
9	7S推行后对产品的质量所起到的作用（如：物料标示、区域划分、指引及文件的规范、仪器校正及设备维护、工作环境的优化等方面）					
10	推行7S后整体公司的形象					

11. 对7S推行以来，你认为有哪些方面是改善最显著的地方？
_____

12. 你认为有哪些方面仍未达到预期目标？
_____

13. 对于下半年度如何更好地推动7S活动和调动大家的参与积极性，你的建议是：
_____

2.9.2 要出具调查报告

不管是问卷调查,还是深入现场与工作人员访谈、拍照,审核员最好都要有调查报告,要对本次调查的结果进行分析、总结,提出下一阶段的任务,最好就某些突出的问题提出具体的建议。

下面是某企业7S推行调查问卷统计分析报告(模板),供读者参考。

范本 **7S推行调查问卷统计分析报告(模板)**

7S推行调查问卷统计分析报告(模板)

统计期间:
问卷发出份数: 收回份数: 收回率:
统计结果如下

问题	非常满意	满意	一般	差	恶劣	满意度
1. 7S执行效果的维持						
2. 整间公司经营场地之通道(包括宿舍区)畅通程度						
3. 各部门区域环境卫生状况						
4. 各阶层人员对7S的认识						
5. 部门工作效率(如:取用文件/记录/物料/工具的速度和准确性)						
6. 举办7S培训的层次及深度						
7. 对于7S审核的频率及力度						
8. 对于设立的7S专栏及其内容						
9. 7S推行后对产品的质量所起到的作用(如:物料标示、区域划分、指引及文件的规范、仪器校正及设备维护、工作环境的优化等方面)						
10. 推行7S后整体公司的形象						
合计						

一、对统计结果的分析
_____

二、委员会成员的意见
1. 对7S推行以来有以下方面显著的改善：
_____

2. 以下方面仍未达到预期目标：
_____

3. 对下半年推行7S的建议：
_____

Chapter 3

整理（SEIRI）的实施

3.1 整理概述

整理，就是将事物梳理出一个条理来，使事物的处理简单化，也就是说对我们的工作场所中（或负责的部门范围内）的物品、机器设备清楚地区分为需要品与不需要品，对于需要品加以妥善保管，不需要品则处理或报废。

3.1.1 开展整理活动可避免的问题

开展整理活动可以避免以下问题，具体如图3-1所示。

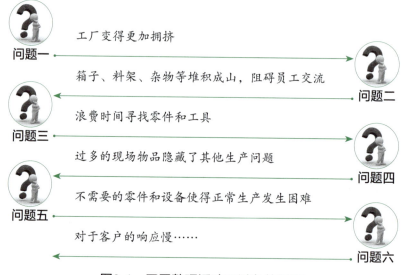

图3-1 开展整理活动可避免的问题

3.1.2 整理的作用

整理起着一种"分类"的作用（如图3-2所示）。

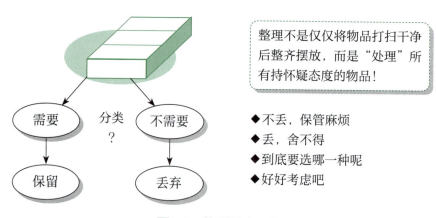

图3-2 整理活动示意

3.1.3 整理的过程

整理的过程如图3-3所示。

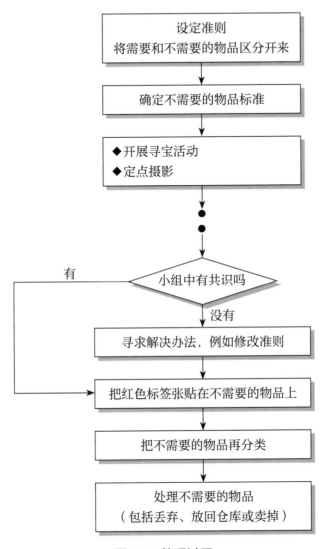

图3-3 整理过程

3.2 | 整理的执行要点

3.2.1 制定整理三大基准

3.2.1.1 要与不要的基准

"全部都有用,全部不能扔"是7S推行的一大阻力,特别是工程技术人员。因为他们认为这些物品不管存放多久，终有一天会用到的，所以他们把这些"非必需品"藏的藏、盖的盖，完全违背了7S的原则，其实"非必需品"的摆放所造成的浪费远远大于其潜在的利用价值，所以必须把看得到和看不到的地方进行全面彻底的整理。这需要制定一份"必需品与非必需品的判别基准"，让员工清楚知道哪些是"真正需要"的，哪些是"确实不需要"的（如表3-1所示）。

表3-1　要与不要的判别示例

真正需要	确实不要	
（1）正常的机器设备、电气装置 （2）工作台、板凳、材料架 （3）台车、推车、拖车、堆高机 （4）正常使用的工装夹具 （5）尚有使用价值的消耗用品 （6）原材料、半成品、成品和样本 （7）栈板、图框、防尘用具 （8）办公用品、文具 （9）使用中的清洁工具、用品 （10）各种使用中的海报、看板 （11）有用的文件资料、表单记录、书报、杂志 （12）其他必要的私人用品	地板上	（1）废纸、杂物、油污、灰尘、烟蒂 （2）不能或不再使用的机器设备、工装夹具 （3）不再使用的办公用品 （4）破烂的栈板、图框、塑料箱、纸箱、垃圾桶 （5）呆滞料和过期品
	工作台和架子上	（1）过时的文件资料、表单记录、书报、杂志 （2）多余的材料 （3）损坏的工具、样品 （4）私人用品、破压台玻璃、破椅垫
	墙壁上	（1）蜘蛛网 （2）过期和老旧的海报、看板 （3）破烂的信箱、意见箱、指示牌 （4）过时的挂历、损坏的时钟、没用的挂钉
	天花板上	（1）不再使用的各种管线 （2）不再使用的吊扇、挂具 （3）老旧无效的指导书、工装图

3.2.1.2　保管场所基准

保管场所基准指的是到底在什么地方"要"与"不要"的判断基准。可以根据物品的使用次数、使用频率来判定物品应该放在什么地方才合适。制定时应对保管对象进行分析，根据物品的使用频率来明确应放置的适当场所，作出保管场所分析表（见表3-2）。

表3-2　物品常用程度判决表

常用程度	使用频率
低	过去一年都没有使用过的物品（不能用或不再用） 在过去的6～12个月中只使用（可能使用）过一次的物品
中	（1）在过去的2～6个月中只使用（可能使用）过一次的物品 （2）1个月使用1次以上的物品
高	（1）1周使用1次的物品 （2）每天都要使用的物品 （3）每小时都要使用的物品

明确保管场所的标准，尽量不要按照个人的经验来判断，否则无法体现出7S管理的科学性。以下提供一份企业在用的物品的使用频率与保管场所范例供参考（如表3-3所示）。

表3-3　物品的使用频率与保管场所

	使用频率	处理方法	建议场所
不用	全年一次也未使用	废弃 特别处理	待处理区
少用	平均2个月～1年用1次	分类管理	集中场所 （工具室、仓库）
普通	1～2个月用1次或以上	置于车间内	各摆放区
常用	1周使用数次 1日使用数次 每小时都使用	工作区内 随手可得	机台旁 流水线旁 个人工具箱

注：应视企业具体情况决定划分几类及相应的场所。

3.2.1.3 废弃处理基准

由于工作失误、市场变化、设计变更等因素，有许多是企业或个人无法控制的，因此，不要物是永远存在的。对不要物的处理方法，通常要按照两个原则来执行。

其一，区分申请部门与判定部门。

其二，由一个统一的部门来处理不要物。

例如，品质部负责不要物料的档案管理和判定；设备部负责不要设备、工具、仪表、计量器具的档案管理和判定；7S推行办公室负责不要物品的审核、判定、申报；销售部负责不要物的处置；财务部负责不要物处置资金的管理。

以下提供不要物品的处理审批单供参考（如表3-4所示）。

表3-4 不要物品处理审批单

部门：＿＿＿＿＿＿＿＿＿＿＿＿＿＿＿＿＿＿＿＿＿＿年＿月＿日

物品名称	规格型号	单位	数量	处理原因	所在部门意见	推委会意见	备注

制表：　　　　　　　　　审核：　　　　　　　　　批准：

3.2.2 现场检查

各部门应对工作现场进行全面检查，检查内容包括各种有形和无形的东西、看得见和看不见的地方，特别是不引人注意的地方，如设备内部、桌子底部、文件柜顶部等位置。各部门检查的重点如表3-5所示。

表3-5　各部门的检查重点

部门	区域或部位	关注要点
生产部门	地面	（1）有没有"死角"或凌乱不堪的地方 （2）闲置或不能使用的输送带、机器、设备、台车、物品等 （3）品质有问题的待修品或报废品 （4）散置于各生产线的清扫用具、垃圾桶等 （5）作业场所不该有的东西，例：衣服、拖鞋、雨伞、皮包
生产部门	架子、柜子或工具箱	（1）扳手、铁锤、钳子等工具杂存于工具箱或柜子内 （2）散置于架子或柜子上的破布、手套、剪刀
生产部门	办公桌、事务柜	（1）任意摆置于桌面上的报表、文卷、数据 （2）毫无规划的档案资料陈列于事务柜内
生产部门	模具、治具架	（1）不用或不能用的模具、治具 （2）不必要的物品掺杂于架上
事务部门	公文、资料	（1）是否有不用或过期的公文、资料作任意摆放 （2）私人文件资料是否掺杂于一般资料内 （3）公文、资料是否定期或定时归档
事务部门	办公桌、办公室	（1）办公桌上是否摆放与工作无关的物品或资料 （2）办公室内是否有各种不需要的物品
事务部门	档案夹、事务柜	（1）档案夹是否任意放置于办公桌或事务柜 （2）档案夹或事务柜是否已经破旧不堪使用 （3）档案夹是否定期清理已经过期的文件、资料
仓储部门	储存区域	（1）储存区域是否规划妥当，有无空间浪费 （2）是否直接将材料放在地上
仓储部门	材料架	（1）是否材料架上有好几年没用过的材料 （2）是否有好几种材料混放在一起

3.2.3　定点摄影

定点摄影法是指从同样的位置、同样的高度、同样的方向，对同样的物体进行连续摄影。定点摄影法是一种常用的7S活动方法。

3.2.3.1 定点摄影的目的

定点摄影的目的是将自己工作场所内（工作、工作岗位、设备、方法）不愿让其他人看到而"感到不好意思的地方"拍下来，作为展示和自我反省的材料。

3.2.3.2 征得被拍者的同意

由于要拍下工作场所中不愿让其他人看见的"感到不好意思的地方"，并展示出来，为了使工作岗位上的作业人员不至于感到难堪，应该事前对员工进行教育，告诉他们"为什么要进行定点摄影"，并征得他们的同意。

3.2.3.3 进行定点摄影的方法

在地板上画一个点，摄影者站在点上。所摄物体的中心位置也画一个点，摄影时照相机的焦点对准所拍物体上的点（如图3-4所示）。

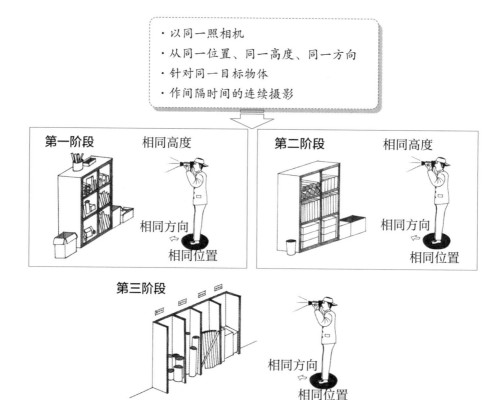

图3-4 定点摄影

3.2.3.4 照片运用

推行小组将照片贴在图表上，并以此为基础召开会议。在定点摄影图表上的第一阶段（通常制作四个阶段）里记下摄影日期，贴上照片，记入评分。评分从低到高为1分、2分、3分、4分、5分。建议栏的填写较随意，可以由上级填写建议，也可以作为对员工的要求等。

每次实施对策，取得一定的改善效果后，应再次摄影（如图3-5所示），按时间顺序贴上新照片。但若每改善一次就摄影一次，则随后的工作会相当麻烦，所以可以采取定时摄影，即决定下次摄影日期的方式。

整理前

整理后

图3-5　整理前与整理后的照片示意

3.2.4　非必需品的清理与判定

3.2.4.1　清理非必需品——寻宝活动

有的人也把这一阶段的活动称之为"寻宝活动"。所谓宝，是指需要彻底找出来的无用物品。

寻宝活动是专门针对各个场所里的一些死角、容易被人忽视的地方来进行的整理活动，目的明确，针对性强，容易取得实效，从而可实现彻底的7S。

寻宝活动要顺利进行，首先就要制定游戏规则，打破大家的顾虑。

◆只寻找无用物品，不追究责任。
◆找到越多的无用物品，奖励越高。
◆交叉互换区域寻宝，便于更多地发现无用物品。
◆有争议的物品，提交7S推进事务办公室裁决。
◆部门重视的，给予部门奖励。

（1）寻宝活动计划。寻宝活动实施计划由7S推行委员会制订，推行办公室予以组织实施。计划包括以下几个方面的内容，如图3-6所示。

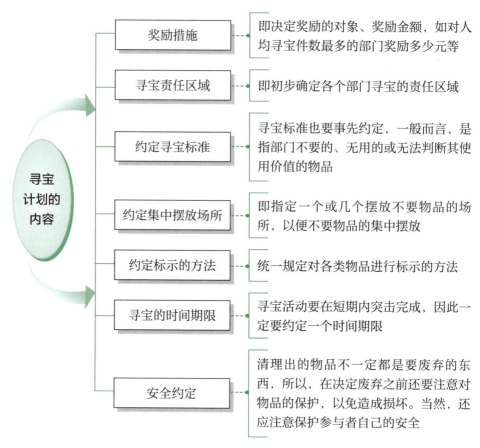

图3-6　寻宝计划的内容

寻宝活动计划经批准后，要在企业的相关会议、内部局域网、宣传栏等进行传达、沟通和宣传，以营造活动的氛围，激起员工的积极性。

（2）寻宝实施。接下来就是由各个部门按计划清理出对象物品，统一收集摆放到公司指定的场所且对清理出的物品进行分类，并列出清单。清单中应对物品的出处、数量进行记录，并提出处理意见，按程序报相关部门审核批准。

小贴士

对暂时不需要的物品进行整理时,当不能确定今后是否还会有用,可根据实际情况来决定一个保留期限,先暂时保留一段时间,等过了保留期限后,再将其清理出现场,进行认真地研究,判断这些保留的物品是否有保留的价值,并弄清保留的理由。

3.2.4.2 非必需品的判定——贴红牌

判定一个物品是否有用,并没有一个绝对的标准,有时候是相对的。有些东西是很容易判定的,如破烂不堪的桌椅等;而有些判定则很困难,如一些零部件的长期库存。

(1)非必需品的判定步骤

①把那些非必需品摆放在某一个指定场所,并在这些物品上贴上红牌。

②由指定的判定者对等待判定的物品进行最终判定,决定将其卖掉、挪用、修复还是修理等。红牌的使用要点见图3-7。

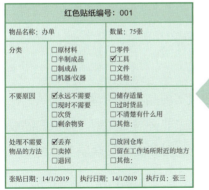

图3-7 红牌的使用要点

（2）非必需品判定者。由于工厂里需要进行判定的对象物很多，并且有可以判断的和难以判断的物品，为了高效地完成判定工作，推行办公室可以根据对象物的不同分层次确定相应的判定责任者，如下所述。

①一般物品——由班组长初步判定，主管最终判定。

②零部件——由主管初步判定，经理最终判定。

③机器设备——由经理初步判定，总经理最终判定。

非必需品可以统一由推行委员会来判定，也可以设计一个有效的判定流程，由各个不同部门对各类物品进行判定。

（3）判定的注意事项

①对那些贴有非必需品红牌的物品，要约定判定的期限，判定的拖延将影响7S活动的进行，因此，要迅速对这些物品进行判定，以便后续处理工作的完成。

②当那些贴有非必需品红牌的物品被判定为有用的时候，要及时向物品所属部门具体说明判定的依据或理由，并及时进行重新安置和摆放。

3.2.5 非必需品的处理

3.2.5.1 处理方法

对贴了非必需品红牌的物品，必须一件一件地核实现品实物和票据，确认其使用价值。若经判定，某物品被确认为有用，那么就要揭去非必需品红牌。若该物品被确认为非必需品，则应该具体决定处理方法。一般来说，对非必需品有以下几种处理方法（如图3-8所示）。

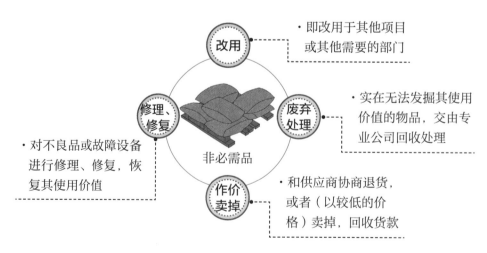

◆ 若该物品有使用价值，但可能涉及专利或企业商业机密的，应按企业具体规定进行处理
◆ 如果该物品只是一般废弃物，在经过分类后可将其出售
◆ 该物品没有使用价值，可根据企业的具体情况进行折价出售，或作为培训、教育员工的工具

图3-8　非必需品的处理方法

3.2.5.2　处理的注意事项

（1）实施处理要有决心。在对非必需品实施处理的时候，重要的是要下定决心，把该废弃的处理掉，不要犹豫不决，拖延时间，影响7S工作的进程。

（2）正确认识物品的使用价值。对非必需品加以处置是基于对物品使用价值的正确判断，而非当初购买物品的费用。一件物品不管当初购买的费用怎样，只要现在是非必需品，没有使用价值，并且在可预见的将来也不会有明确的用途，就应下决心将其处置。

3.2.5.3　建立一套非必需品废弃的程序

为维持整理活动的成果，企业最好建立一套非必需品废弃申请、判断、实施及后续管理的程序和机制。建立物品废弃的程序是为了给整理工作的实施提供制度上的保证。生产现场许多无用的物品，尤其是大件物品，即使大家都认为是无用的，应该废弃，但都不清楚该如何废弃，只好任由它们在现场摆放。建立物品废弃的申请和实施程序，就是制定标准，明确物品废弃的提出、审查、批准和处理办法。

一般来说，非必需品废弃的申请和实施程序一定要包括以下内容。

（1）物品所在部门提出废弃申请。
（2）技术或主管部门确认物品的利用价值。
（3）相关部门确认再利用的可能性。
（4）财务等部门确认。
（5）高层负责人作最终的废弃处理认可。
（6）由指定部门实施废弃处理，填写废弃单，保留废弃单据备查。
（7）由财务部门做账面销账处理。

3.2.6　对整理进行评估

整理进行到一定阶段，必须对其进行评估，具体可运用表3-6来进行。

表3-6　整理评估表

工作场所整理评估　　　　　　　　　　工作地点：
工厂：　　　　　批次：　　　　　部门：　　　　　日期：

分数：4=100%　3=75%~99%　2=50%~74%　1=25%~49%　0=0~24%

序号	需要整理的区域	分数	如果分数小于4，指出对策、时间安排和负责人
1	无用的盒子、货架和物料箱		
2	废弃的工作、备件和设备		
3	不需要的工具箱、手套和橱柜		
4	剩余的维修物品		
5	个人物品		
6	过量存货		
7	无用的文件		
8	"一就是最好"：一套工具／文具		
9	"一就是最好"：一页纸的表格／备忘		
10	"一就是最好"：文件放在一处共享		
其他			

对于没有做好的事项要发出纠正及预防措施通知进行跟踪，如表3-7所示。

表3-7　纠正及预防措施通知

不合格点的说明　　　　　　　　　　NC编号：＿＿＿＿＿＿＿＿＿＿＿
审核日期：　2019年1月08日　　　　　审核员／记录员：　×××
审核地点：　LED车间　　　　　　　　违反标准：　2.7
改善前相片

	不合格点的说明：
	小推车摆放区内存放有卡板及废料（第40周）

纠正及预防 措施纠正人：＿×××＿ 纠正日期：＿2019年1月12日＿

改善后相片

	纠正及预防措施：
	清理废料，整理卡板，重新规划设计卡板区域并划地线

跟进结果：＿OK，第41周跟进时已划定卡板区域存放，并制作和张挂区域标示牌。＿

跟进者：＿×××＿ 审批：＿×××＿ 2019年1月15日

Chapter 4

整顿（SEITON）的实施

4.1 整顿概述

所谓整顿，就是将整理后所留下来的需要物品或所腾出来的空间作一整体性的规划（定位、标示）。

整顿的目的就是将所需要的东西找一个固定的位置，当你需要它时，能不加思索的在最短时间内取出来用。试想，如果今天不幸在作业场所发生火灾，而我们还要花时间去找灭火器、消火栓，或者灭火器、消火栓被物品挡住而无法立即取出来用时，那将是一个什么样的景象？

4.1.1 整顿的作用

在杂乱无序的工作环境中，如果没有做好整理和整顿工作，会使我们找不到使用物品，造成时间和空间的浪费，同时还可能造成资源的浪费与短缺，使一些品质优良的物品沦为"废品"，使废品堂而皇之地"躺在"重要的位置。

具体而言，在生产现场没有做好整顿工作通常会产生以下问题，具体如图4-1所示。

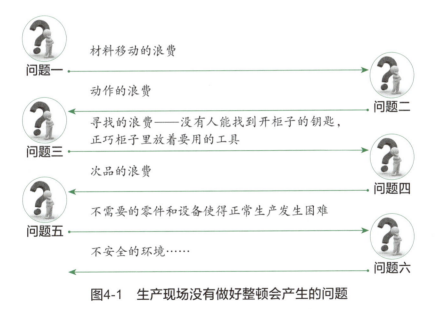

图4-1 生产现场没有做好整顿会产生的问题

为消除以上浪费就必须要加强整顿，整顿工作能带来以下好处，具体如图4-2所示。

> 创造一目了然的现场，就算不是本岗位的人员也能明白相应的要求和做法（如图4-3所示）

▶ 出现异常情况，如丢失、损坏等能马上发现，及时处理

▶ 提高工作效率，减少浪费和非必需的作业

▶ 将寻找时间降低

▶ 不同的作业人员去做，结果都是一样的，因为标准化了

▶ 缩短换线、换工装夹具的时间

图4-2　整顿工作能带来的好处

整顿的目标
所有东西都有一个清楚的标签（名）和位置（家）

图4-3　整顿现场示意

4.1.2　整顿的执行流程

整顿的执行流程如图4-4所示。

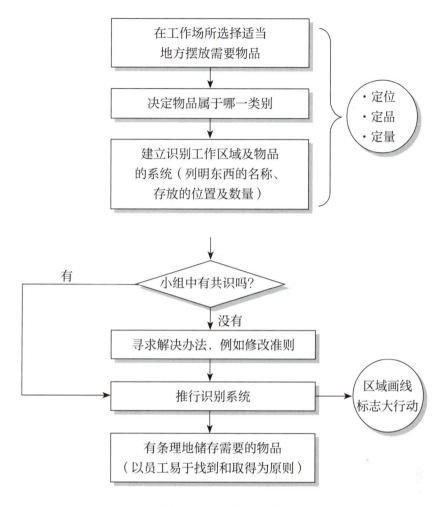

图4-4 整顿的执行流程

4.2 | 整顿的执行要点

4.2.1 整顿的关键在三定

整顿的关键在三定：定位（在何处，场所标志）、定品（何物，品目标志）、定量（几个，数量标志）。而三定的方法则是实施看板作战。

4.2.1.1 定位

（1）定位的要点。定位的要点如下。

① 将该定位的地方区分为场所标志与编号标志。

② 编号标志区分为地域标志与编号标志。

③地域标志可用英文字母（A、B、C）或数字（1、2、3）来表示。编号标志以数字表示较理想，最好由上而下1、2、3排序。

定位区图示如图4-5所示。

某企业物料定位区：D区冲制件。

图4-5　定位区图示

（2）定位的原则。物品定位须遵循两个原则：一是位置要固定，二是根据物品使用的频度和使用的便利性来决定物品放置的场所。

（3）物品与位置关系的类别。根据物品的特点，物品与位置之间的关系有以下几种。

①设备和作业台的定位。设备和作业台通常被固定在指定的位置上，若非特殊情况或需要进行区域再规划，原则上物品和位置的关系是固定的。如图4-6所示。

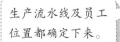

生产流水线及员工位置都确定下来。

图4-6　设备和作业台的定位

②工具、夹具、量具、文件等的定位。生产或工作过程中经常使用的这类物品通常被存放在各式各样的柜、台、架等固定位置上,使用的时候可以从其存放处取出,使用完毕后再放回原处。如图4-7所示。

图4-7 工具、夹具等的定位

③原材料、半成品、成品的定位。这些物品在生产过程中是流动的,无固定摆放的位置。但为了明确这些流动的物品在每一工序的摆放位置,必须在工序附近指定存放区域,以便原材料、半成品、成品到达时的摆放。如图4-8所示。

图4-8 原材料、半成品、成品的定位

④票据、样品等的保管与存放。对一些使用频率很小却又需要保管的重要物品，如财务票据、实物样品等，可以确定一些固定的场所或仓库的一角存放。

4.2.1.2 定品

定品的目的是让所有人，甚至是新进员工一眼就看出在那个地方放置的是什么物品。其要点如下。

（1）物品品目标志。放置的东西要标示为何物。

（2）棚架品目标志。放置的东西是什么？

（3）物品品目标志。取下的话，即有看板的机能。

（4）棚架品目标志。要能轻易地变换位置。

4.2.1.3 定量

定量的目的是让库存品可以一眼就看出有多少的量，不是说"大概……大约"，而是要很清楚地说出有几个。实施要点如下。

（1）要限制物品放置场所或棚架的大小。

（2）要很明确地显示最大库存量及最小库存量（如图4-9所示）。

①最大库存量——红色。

②最小库存量——黄色。

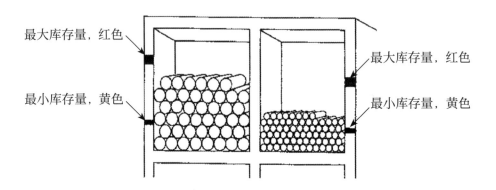

图4-9　最大库存量及最小库存量示意

（3）与其用数字不如改为标记。

（4）一眼就可以说出数量（不用算）。

库存数据标示如图4-10所示。

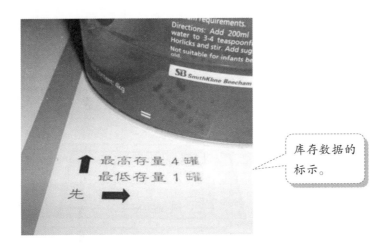

图4-10　库存数据标示

4.2.2　识别工作区域

识别工作区域有两件重要的事要做，其一是将划定的区域画线，其二是设立标志。

4.2.2.1　区域画线

（1）地板颜色选择。地板要配合用途，利用颜色加以区分。作业区运用作业方便的颜色，休闲区则要用舒适、让人放松的颜色。

通道依据作业区的位置来设立，但其弯位要尽量小。

（2）画线要点。决定地板的颜色后，接下来是将这些区块予以画线。画线要注意的实施要点如图4-11所示。

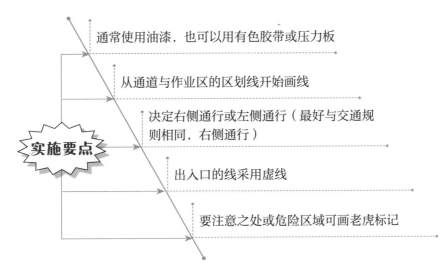

图4-11　画线要注意的实施要点

（3）区块画线。把通道与作业区的区块划分开的线称为区块画线。通常是以黄线表示，也可以用白线。如图4-12所示。实施要点如下。

①画直线。
②要很清楚醒目。
③减少角落弯位。
④转角要避免直角。

图4-12　区块画线

（4）出入口线。勾画出人能够出入部分的线，将其称之为出入口线。用黄线标示，不可踩踏。如图4-13所示画线要点如下。

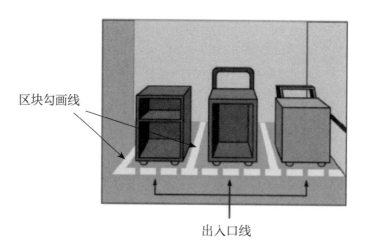

图4-13　出入口线示意

①区块勾画线是实线，出入口线是虚线。

②出入口线提示确保此场所的安全。

③彻底从作业者的角度考虑来设计出入口线。

（5）通道线。首先要决定是靠左或靠右的通行线。最好与交通规则相同，靠右通行。如图4-14所示画线要点如下。

出入口、通道及运输方向线

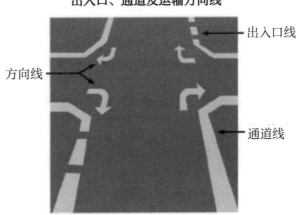

图4-14　通道线示意

①黄色或白色有箭头。

②在一定间隔处或是角落附近，不要忘记楼梯处。

（6）老虎标记。老虎标记是黄色与黑色相间的斜纹所组成的线，与老虎色相似，所以称之为老虎标记。哪些地方要画老虎标记呢，具体如图4-15所示。

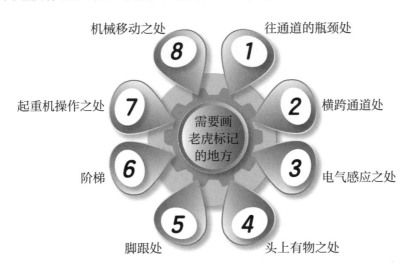

图4-15　需要画老虎标记的地方

画线要点如下。

①老虎标记要能够很清楚地看到，可用油漆涂上或贴上黑黄相间的老虎标记胶带。

②通往通道的瓶颈处要彻底地修整使之畅通。

老虎标记如图4-16所示。

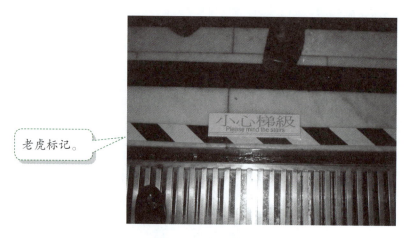

图4-16 老虎标记

（7）置物场所线。放置物品的地方称作放置场所。标示放置场所的标线即是置物场所线。要特别把半成品或作业台等当作画线对象。画线要点如下。

①清理出半成品等的放置场所。

②清理出作业台、台车、灭火器等的放置场所。

③明确各区域画线的颜色、宽度和线型，如表4-1所示。

表4-1　各区域画线的颜色、宽度和线型

类别	区域线		
	颜色	宽度	线型
待检区	蓝色	50毫米	实线
待判区	白色	50毫米	实线
合格区	绿色	50毫米	实线
不合格区、返修区	黄色	50毫米	实线
废品区	红色	50毫米	实线

续表

类别	区域线		
	颜色	宽度	线型
毛坯区、展示区、培训区	黄色	50毫米	实线
工位器具定置点	黄色	50毫米	实线
物品临时存放区	黄色	50毫米	虚线

4.2.2.2 标志大行动

标志大行动就是明确标示出所需要的东西放在哪里（场所）、什么东西（名称）、有多少（数量）等，让任何人都能够一目了然的一种整顿方法。如图4-17所示。

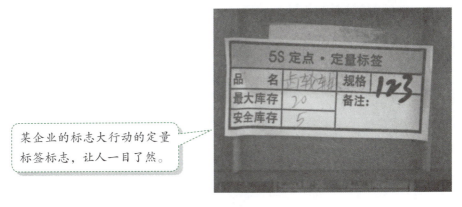

某企业的标志大行动的定量标签标志，让人一目了然。

图4-17 定点定量标签标志

（1）标志的材料。标志会随时间的变迁而氧化，字迹、颜色和粘贴的胶水等也会渐渐脱落，有时还可能因某种原因在一个地方而标示多次。所以，要针对场所、位置、物品等选用不同的材料（如表4-2所示），使之保持时间长并容易维护。

表4-2 标志的材料

材料	适用位置	效用	维护方法
纸类	普通物品、人或物挨碰触摸机会少的地方	比较容易标示和方便随时标示	将纸张过一层胶，防止挨碰触摸或清洁造成损害
塑胶	场所区域的标志	防潮、防水，易于清洁	阳光的照射会使胶质硬化、脆化或变色，应尽量避免阳光照射

续表

材料	适用位置	效用	维护方法
油漆	机械设备的危险警告和一些"小心有电"等位置	不容易脱落，时刻保持提醒作用，而且易于清洁	定期翻新保养

（2）标志的规格。标志的大小及规格能直接影响到整体美观，如在两个大小一样的包装箱上，包装箱A的标志非常大，而包装箱B的标志非常小，这样会让人有什么感觉呢？

（3）标志的字体。标志的文字最好打印，这样易于统一字体和大小规格，而且比较标准和美观。手写的也可以，但最基本的要求是字迹清晰，让任何人都能看得清楚，读得明白。

4.2.3　整顿的具体操作

4.2.3.1　工具类整顿

（1）工装夹具等频繁使用物品的整顿。应重视并遵守使用前能"立即取得"，使用后能"立刻归位"的原则。

①应充分考虑能否尽量减少作业工具的种类和数量，利用油压、磁性、卡标等代替螺丝，使用标准件，将螺丝共通化，以便可以使用同一工具。如：平时使用扳手扭的螺母是否可以改成用手扭的手柄呢？这样就可以节省工具了。或者想想能否更改成兼容多种工具使用的螺母，即使主工具突然坏了，也可用另一把工具暂代使用；又或者把螺母统一化，只需一把工具就可以了。

②考虑能否将工具放置在作业场所最接近的地方，避免取用和归位时过多的步行和弯腰。

③在"取用"和"归位"之间，须特别重视"归位"。需要不断地取用、归位的工具，最好用吊挂式或放置在双手展开的最大极限之内。采用插入式或吊挂式"归还原位"的，同时要注意尽量使插入距离最短或挂放既方便又安全。

④要使工具准确归还原位，最好以复印图、颜色、特别记号、嵌入式凹模等方法进行定位。如图4-18所示。

（2）切削工具类的整顿。这类工具需重复使用，且搬动时容易发生损坏，在整顿时应格外小心。

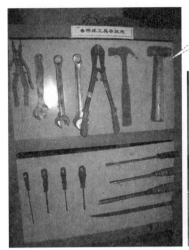

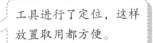

工具进行了定位，这样放置取用都方便。

图4-18　工具定位

①经常使用的，应由个人保存；不常用的，则尽量减少数量，以通用化为佳。先确定必需的最少数量，将多余的收起来集中管理。

②刀锋是刀具的"生命"，所以在存放时要使之方向一致，以前后方向直放为宜，最好能采用分格保管或波浪板保管，且避免堆压。

③一支支或一把把的刀具可利用插孔式的方法，好像蜜蜂巢一样，即把每支刀具分别插入与其大小相适应的孔内，这样可以对刀锋加以防护，并且节省存放空间，且不会放错位。如图4-19所示。

刀具用插孔方式来存放。

图4-19　刀具的存放

④对于一片片的锯片等刀具可分类型、大小、用途等叠挂起来，并勾画形迹，易于归位。

⑤注意防锈，将抽屉或容器底层铺上易吸油类的绒布。

4.2.3.2 设备的整顿

设备的整顿原则就是要容易清扫、操作和检修，但最重要的还是"安全第一"。

（1）设备旁必须挂有一些"设备操作规程""设备操作注意事项"等。设备的维修保养也应该做好相关记录。这不但能给予员工正确的操作指导，也可让客户对企业有信心。如图4-20所示。

图4-20 设备标识卡

（2）设备之间的摆放距离不宜太近，近距离摆放虽然可节省空间，却难以清扫和检修，并且还会相互影响操作从而可能导致意外。

如果空间有限，则首先考虑是否整理做得不够彻底，再考虑物品是否有整顿不合理的地方，浪费了许多空间。再多想一些技巧与方法。

（3）把一些容易相互影响操作的设备与一些不易相互影响操作的设备做合理的位置调整。在设备的下面再加装滚轮，便可轻松地推出来清扫和检修了。如图4-21所示。

4.2.3.3 机台、台车类整顿

对机台、台车类的整顿，应注意以下几点。

（1）先削减作业台、棚架的数量。以"必需的台、架留下，其他的丢弃或加以整理"为原则，现场就不会堆积过量的台、架了。

（2）台或架的高度不齐时，可在下方加垫，垫至与高度平齐。台或架可加装车轮使之移动方便，并制作能搭载作业必要物品的台车，在换模、换线或零件替换时，可

以将台车做整组更换。

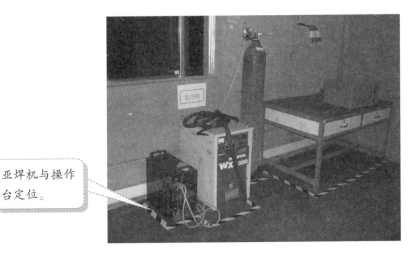

亚焊机与操作台定位。

图4-21 设备合理定位

（3）台或架等，不可直接放置在地面上，应置于架高的地板上，这样在清扫时才会比较容易。如图4-22所示。

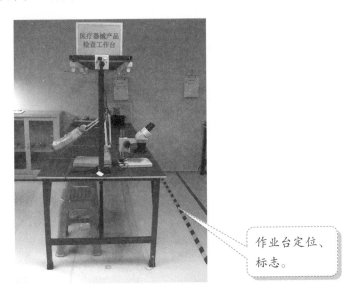

作业台定位、标志。

图4-22 作业台架

4.2.3.4 配线、配管的整理、整顿

在现场可能会有如蜘蛛网般的配线或者是杂乱无章的配管，这些情形都会成为刮破、磨耗或错误的起因及受伤害或引起故障的根源。要解决这些问题，以下几点可供参考。

（1）可以考虑在地板上架高或加束套及防止擦伤、防止震动的改善。

（2）在配线、配管方面采取直线、直角安装，以防松脱。

（3）在地底下的配线全部架设在地面上，并垫高脚架，每一条标上名称、编号及利用颜色进行管理，这样可防止错误发生。

图4-23为整理前杂乱无章的配线。图4-24为整理整顿后的配线。

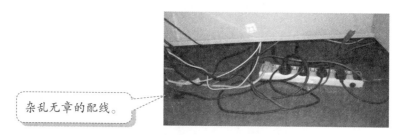

杂乱无章的配线。

图4-23　整理前杂乱无章的配线

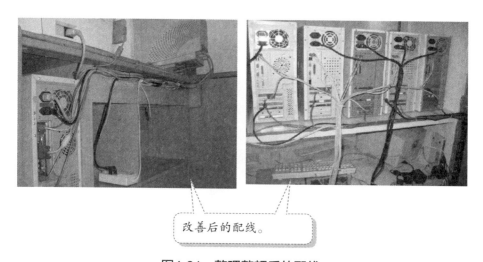

改善后的配线。

图4-24　整理整顿后的配线

4.2.3.5　材料的整顿

（1）材料整顿的要点。

①定量定位存放。先确定材料的存放位置，再决定工序交接点、生产线和生产线之间的中继点所能允许的标准存量和最高存量，设定标准存量的放置界限，如长、宽、高的限定或占用台车数及面积的限定，并明确标示。

②确保先进先出。现场摆放材料的各类周转箱、台车等，要求边线相互平行或垂直于区域线，保持堆放整齐，便于清点及确保材料先进先出。如图4-25所示。

图4-25 材料标牌标示

> 标牌颜色不一样并标上数字顺序,就可以按顺序先进先出了。

③搬运、储存要合理。要防止加工中搬运或装箱时的乱伤、撞击、异品混入等。

④不良品要有标示。不良品及返修品,要设定放置场所,用不同的箱装好,一般用红色或黄色箱,以利于区别。不良品的装箱,以选用小箱子为宜,这样便能较快地装满箱并搬离生产现场。

(2)备品、备件的整顿。备品、备件的整顿重点为:在保管时,平常就得保持正确使用的状态,如污秽、伤痕、锈蚀等列管的重点,应明确设定清楚。

(3)润滑油、作动油等油类整顿。对润滑油、作动油等油类物品的整顿要点如下。

①油的种类要统一,尽量将种类减少。

②以颜色管理,配合油的名称及加油周期,利用颜色或形状,让谁都能轻易分辨使用。

③油类集中保管,在生产线附近设置加油站,设定放置场所、数量、容器大小、架子及加油站的补充规定等。

④依油或加油口的形状,装备道具。

⑤油类必须考虑到防火、公害、安全等问题,所以要彻底防止漏油以及灰尘、异物的混入。

⑥做好改善加油方法及延长加油周期的工作。

整顿前油桶的位置如图4-26所示。

油桶放在消防器材下且没有加盖,一定要整顿,给消防器材和油分区存放。

图4-26 整顿前油桶位置

4.2.3.6 清扫用具的整顿

(1)放置场所

①扫把、拖把,一般让人感觉较脏,不要放置在明显处。

②清扫用具绝对不可放置在配电房或主要出入口处。

(2)放置方法

①长柄的用具如扫把、拖把等,用悬挂方式放置并且要下设滴水接盘。如图4-27所示。

②簸箕、垃圾桶等,要定位放置且放稳。如图4-28所示。

扫把悬挂放置并在下设滴水接盘。

图4-27 扫把、拖把等的放置

垃圾桶定位。

图4-28 垃圾桶定位

4.2.3.7 消耗品类整顿

为了防止消耗品到处散落,可用较小的盒子将它们装好,但不要装满。在收存时一定要加封盖,不要混入其他类似零件。

弹簧类容易纠缠在一起的物品、垫圈类不易抓取的物品以及金属轴承等都严禁出现破损、变形等,对于这类小型物品,以模组成套方式,比较容易拿取。

电气胶带、电线等物品的摆放也应便于拿取。

作业台物料整顿前后对比如图4-29所示。

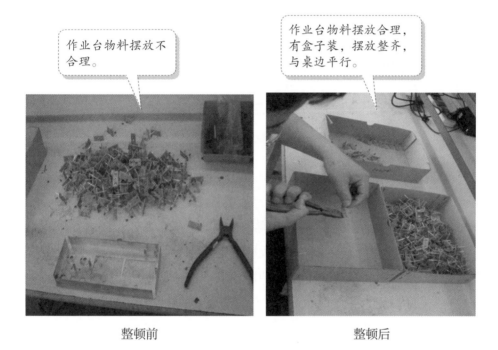

整顿前　　　　　　　　　　　　整顿后

图4-29　作业台物料整顿前后对比

4.2.3.8 危险品的整顿

(1)危险品的存放。危险物品的存放一定要按照危险品的存放要求和标准进行。如某类化学品必须存放在阴凉的地方,又或者某类化学品不能与某类物品一起存放等,所有这些相关的知识,都应该事先了解清楚。

(2)张贴说明等。化学用品的存放处应标明"使用规定""使用方法"及一些"注意事项"等,附近也应该具备一定的救护措施和张贴一些警示标语。

(3)化学品的标志。化学品的标志应该注明化学品的类型、名称、危险情况及安全措施等。

（4）穿戴防护用品。在使用一些有毒、有害、有腐蚀性及刺激性的化学用品时，必须穿戴好防护衣、手套，以保安全。万一不慎沾及身体，应立即清洗，如感不适时，应马上到医院就诊。

化学品容器及定位标示如图4-30所示。

化学品防泄漏区画上老虎标记，并在容器上标有化学品标志。

图4-30　化学品容器及定位标示

4.2.3.9　在制品的整顿

在生产现场，除了设备和材料，在制品是占据生产用得最多的物品，因此，也是生产现场整顿的主要对象。"整顿"在制品，应考虑以下问题。

（1）严格规定在制品的存放数量和存放位置。确定工序交接点、生产线和生产线之间的中继点所能允许的在制品标准存放量和极限存放量，指定这些标准存放量的放置边界、限高，占据的台车数、面积等，并有清晰的标志以便周知。

（2）在制品堆放整齐，先进先出。在现场堆放的在制品，包括用于其的各类载具、搬运车、栈板等，要求始终保持叠放整齐，边线相互平行或垂直于主通道，这样既能使现场整齐美观，又便于随时清点，确保在制品"先进先出"。

（3）合理的搬运

①放置垫板或容器时，应考虑到搬运的方便。

②利用传送带或有轮子的容器来搬动。

（4）在制品存放和移动中，要慎防碰坏刮损，应有缓冲材料间隔以防碰撞，堆放时间稍长的要加盖防尘罩，不可将在制品直接放在地板上。

如图4-31所示。

（5）不良品放置场地应用红色标示。如果将不良品随意堆放，容易发生误用，所以要求员工养成习惯，一旦判定为不良品，应立即将其放置在指定场所。如图4-32所示。

车间在制品及推车的存放数量和存放位置明晰。

图4-31　在制品及推车的存放

不良品修理区。

图4-32　不良品的存放

4.2.3.10　公告物的整顿

（1）墙壁上的海报、公布栏等张贴的要求

①不能随处张贴，要设定张贴区域。

②未标示及超过期限的东西不可张贴。

③胶带遗留的痕迹一定要擦拭掉。

④公告物上端要取一定的高度平齐张贴，这样会显得整齐划一，有精神。

（2）标示看板（图4-33）

①垂吊式看板，高度设定要统一。

②要确定固定好，以免被风吹动或造成掉落。

（3）查检表等。标准书、查检表、图画类等，必须要从通道或稍远距离就可看到。

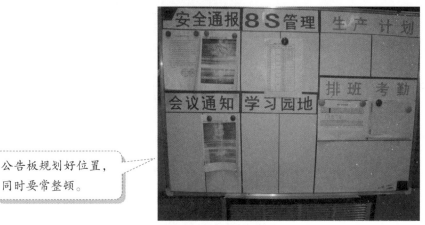

公告板规划好位置，同时要常整顿。

图4-33　公告板标示

4.2.3.11　仓库的整顿

以定位、定量、定容来整顿仓库。

（1）定位

①对材料及成品以分区、分架、分层来区分。

②设置仓库总看板，使相关人员对现况的把握能一目了然。

③搬运工具定位，以便减少寻找时间。

④严守仓库的门禁和发放时间。

（2）定量

①相同的物品，在包装方式和数量上应尽量一致。

②设定标准的量具来取量。

③设定最高限量基准。

（3）定容。各种材料、成品的规格不一，因此要用不同的容器来装载。对同类物品的装载，容器大小应尽量相同，不然，大小不一的容器不仅显得不整齐，同时也浪费空间。此外，容器的规格选择必须考虑搬动的方便与否。如图4-34所示。

仓库各类材料都有容器盛放，而且标志贴上去使人一目了然。

图4-34　各类材料容器盛放

4.2.3.12　办公室的整顿

（1）工作区域

①有隔间的，在门口处标示部门。

②有隔屏的，则在隔屏的下面标示部门。

③无隔屏的，则在办公桌上以标示牌标示。

④办公设备实施定位。

⑤桌垫底下放置的内容最好统一规定，保持整洁。

⑥长时间离位以及下班时，桌面物品应归好位，锁好抽屉，逐一确认后才离开。

（2）资料档案

①整理所有的文件资料，并依大、中、小进行分类。

②不同类别活用颜色管理方法。

③文件内引出纸或色纸，以便索引检出。

（3）看板、公告栏

①看板、公告栏的版面格局区分标示，如"公告""教育培训信息""资料张贴"等。

②及时更新资料。

（4）会议室、教室

①所用物品如椅子、烟灰缸、投影仪、笔、橡皮擦等应定位。

②设定责任者，定期以查核表逐一点检。

办公桌及桌上物品定位及标示如图4-35、图4-36所示。归档文件整顿如图4-37所示。悬挂式文件的整顿如图4-38所示。

办公桌定位。

图4-35　办公桌定位

办公桌上物品明确定位画线，并有标志牌。

图4-36　桌上物品定位标示

黑色文件夹、白色文件夹名、绿色显示其放置位置——质量体系文件。

蓝色文件夹、紫色文件夹名、黄色显示其放置位置——管理文件。

黄色文件夹、红色文件夹名、白色显示其放置位置——合同。

图4-37　归档文件整顿

悬挂式文件的整顿。

图4-38　悬挂式文件的整顿

下面是某企业整理整顿作业指引,供读者参考。

范本　整理整顿作业指引

整理整顿作业指引

1. 目的

为7S全面推行打下基础,全员参与整理整顿,以达到减少浪费,节省成本,创造良好的生产、生活环境,提高生产效率的目的。

2. 适用范围

适用于本公司所有生产、生活范围。

3. 生产现场整理、整顿

3.1 地面通道线、区划线

3.1.1 参考线宽

(1)仓库／车间主通道。10厘米。

(2)区域线。6厘米。

3.1.2 通道线用于人车物料的通行,通常用实线,采用刷油漆的方法。

区划线用于工作区域内的功能细分,一般也用实线;另外功能不确定的区域也可考虑用虚线。

3.1.3 通道线和区划线使用明黄色线条。

3.1.4 对不合格品区域或危险区域(如高温高压),应使用红色线条。

3.1.5 通道本身的宽度应结合工作需要和场地大小决定。

3.2 定位线

3.2.1 定位线用于地面物品的定位,采用黄色线条,视实际情况可以采用实线或四角定位线等形式,线宽6厘米。

3.2.2 某些物品为了特别区分(如清洁工具、垃圾箱、凳椅等),可使用黄色线条。

3.2.3 对消防器材或危险物品的定位,为达到警示效果,应使用红色线条;前方禁止摆放的区域(如消火栓前、配电柜前)应使用红色线条。

3.2.4 移动式物品定位时(如推车、叉车),采用的方法如下图所示。

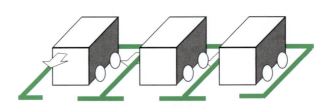

移动式物品定位示意

3.2.5 位置变动类物品定位时，采用虚线定位法，如下图所示。

位置变动类物品定位示意

3.2.6 形状规则的小物品定位时，可采用四角定位法，其中物品角和定位角线间距应在6厘米（如下图所示）。

形状规则的物品定位示意

3.2.7 位置已经固定的机床等设备，不使用专门的定位线。

3.2.8 货架常用四角定位，有时演化为从通道线或区划线上延伸的定位形式（如下图所示）。

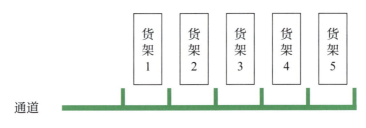

货架延伸的定位示意

3.3 线条颜色区分

3.3.1 黄色（实线）：一般通道线、区划线、固定物品定位线。

3.3.2 黄色（虚线）：移动台车、工具车等停放定位线。

3.3.3 黄色（实线）：合格区。

3.3.4 红色：不合格区、废品区、危险区、配电装置、消火栓处、升降梯下等地面突起物、易碰撞处、坑道、台阶等。

3.4 标志牌

3.4.1 样板区域标志牌（蓝底白字）（公司颁发）如下图所示。

```
××车间
7S责任区
责任人：×××
活动期间：2018.09-2018.12
```

样板区域标志牌

3.4.2 自制货架标志牌（大中型架）如下图所示。

```
A1              B1
五金工具类      1#模具架
```
12厘米×9厘米

自制货架标志牌

3.4.3 定制工具架、模具架标志牌（小型架）如下图所示。

```
┌─────────────────────────────────────┐
│      机加车间铣床组·1#工具架        │
│                                     │
│  责任人：张三                       │
│  类  别：（1）图纸、量具（第一层）  │
│         （2）工具、用品（第二层）   │
│         （3）已加工零件（第三层）   │
│         （4）待加工零件（第四层）   │
└─────────────────────────────────────┘
```

12厘米×9厘米

工具架标志牌

3.4.4 定制工具柜、物品柜标志牌（柜门左上角）如下图所示。

```
┌─────────────────────────────────────┐
│      机加车间铣床组·1#工具柜        │
│                                     │
│  责任人：李五                       │
│  类  别：（1）资料用品              │
│         （2）常用工具、量具         │
│         （3）加工刀具               │
│         （4）劳保用品               │
└─────────────────────────────────────┘
```

车间用12厘米×9厘米大标签

办公室用12厘米×9厘米小标签

工具柜标志牌

3.4.5 工具／物品定点标志牌（数量变动时）如下图所示。

标签尺寸：8.5×5.0　8.5×3.0　8.5×2.0

品名		规格	
最大库存			
安全库存			
备注			

物品定点标志牌

3.4.6 工具／物品定点、定量标志（数量固定时）。

标签尺寸：8.5×3.0 8.5×1.5

（1）资料用品-1			
品名	修正液	规格	极细型
安全库存	2支	最大库存	5支

品名		规格	
数量		备注	

（2）常用工具-1			
品名	挑口钳	规格	6#
数量	3把		

工具／物品定量标志牌

以上规定可根据各单位具体情况调整。一些只需标志名称的简单场合应自行打印制作，要求醒目、美观、本单位范围内统一。

4. 办公室的整理、整顿

4.1 文件、物品柜

4.1.1 文件整理分类，用文件夹分类放置。

4.1.2 文件夹标志的统一：统一规格，用电脑打印（文件夹侧面标志为主）。

4.1.3 文件整理实行目视管理方法，如下图所示。

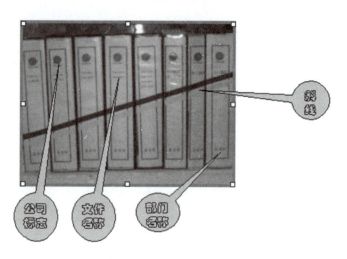

文件目视管理示意

4.2 办公桌

4.2.1 桌面允许放置的物品（较长时间离开时）：文件夹（盒）、电话机（传真机）、文具盒（笔筒）、电脑、水杯、台历。

4.2.2 玻璃板下允许放置的物品（一般不主张使用玻璃板）：日历、电话表。

4.2.3 明确文件放置盒状态（待处理、已处理）。

4.2.4 抽屉的整理、整顿

（1）不要的或不应该放在抽屉内的物品清除。

（2）抽屉内物品要分类，作分类标示。

（3）办公用品放置有序。

（4）个人用品放置在底层。

（5）有措施防止物品来回乱动。

4.3 茶具、水杯的定点放置。

4.4 雨伞、垃圾桶、清洁用具的定位、标志。

Chapter 5

清扫（SEISO）的实施

5.1 清扫概述

清扫是将工作场所、设备彻底清扫干净，使工作场所保持一个干净、宽敞、明亮的环境，使不足、缺点凸显出来。其目的是维护生产安全，减少工业灾害，保证产品质量（如图5-1所示）。

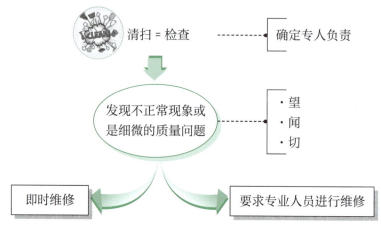

图5-1　清扫活动示意

5.1.1　清扫不充分可能带来的影响

在生产过程中会产生为数不少的灰尘、油污、铁屑、垃圾等，从而使现场变得脏乱不堪。如图5-2所示现场图片。

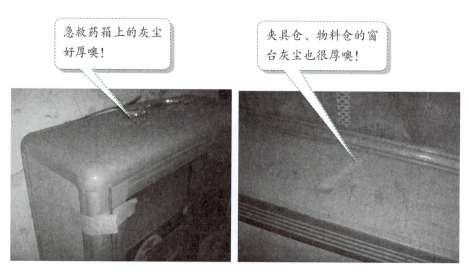

图5-2　现场图片

灰尘虽小，但它的破坏作用却很大。机器上有灰尘，就会造成氧化，就会使设备受腐蚀而生锈。腐蚀、生锈易造成设备的接口松动，造成零件脱落、零部件变形，甚至产生断裂，发生故障。具体而言，如果不清扫或清扫不充分可能会带来以下影响，如图5-3所示。

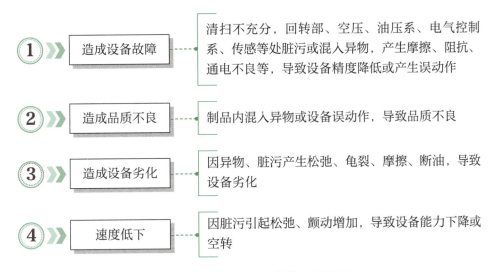

图5-3　清扫不充分可能带来的影响

5.1.2　清扫的好处

如果大家都能认真地做好清扫工作，则可以有以下好处。

（1）提高设备性能。

（2）保持良好的工作环境，可令人心情愉快。如图5-4所示。

（3）减少设备故障。

（4）提高作业质量。

（5）减少脏污对产品质量的影响。

（6）减少工业伤害事故。

图5-4　清洁的环境

5.1.3 清扫实施的工作程序

清扫实施的工作程序如图5-5所示。

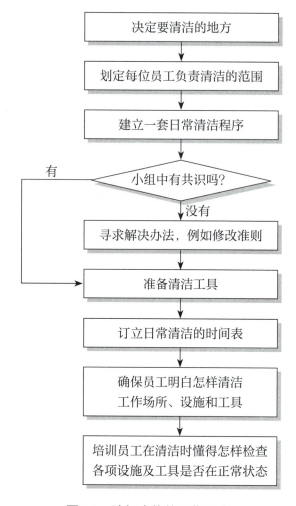

图5-5 清扫实施的工作程序

5.2 清扫活动的执行

5.2.1 确定清扫的对象

清扫的对象有物品放置场所、设备、空间三类。

5.2.1.1 物品放置场所

物品有各式各样,其放置的场所也有很多,所以在清扫之前必须了解要清扫什么。物品放置场所的清扫对象为：制品仓库、零件仓库、材料仓库、工厂内半成品放置处、零件放置处、生产线内放置处、机械工程内放置处、治工具棚架。

5.2.1.2 设备

与设备有关的清扫对象为：机器、设备、焊具、工具、刀具、量具、模具、车辆、搬运工具、作业台、橱柜、桌子、椅子、备品。如图5-6所示为清洗后的玻璃。

看，玻璃清洗后多么干净！

图5-6　清洗后的玻璃

5.2.1.3 空间

空间的清扫对象为：地面、作业区、通道、墙壁、梁柱、天花板、窗户、房间、电灯。

5.2.2 清扫前的准备工作要做足

5.2.2.1 决定清扫责任区域与人员

清扫前须决定清扫责任人及清扫周期（是每天清扫，或是隔日清扫）。具体要做到以下几点。

（1）清扫责任区域分配。以平面图（如图5-7所示）的形式，把现场的清扫范围划分到各部门单位，再由各部门单位划分至个人。公共区域可利用轮值和门前承包的方式进行。具体步骤为：绘制工作场所位置图→将位置图加以区分→配清扫任务责任者→公布在显眼的地方。

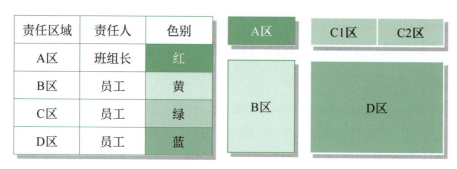

图5-7 清扫位置责任图示例

（2）责任区描述及清扫频率安排。对责任区进行了划分，并确定了责任人，还要进一步进行描述，并确定清扫频率，这样可以防止一些边界地带成为无人管理区。以下提供某公司对清扫责任区域描述、责任人及清扫频率的安排和清扫部位及要点供参考（见表5-1所示）。

表5-1 清扫责任区域描述、责任人及清扫频率安排

代号	责任区	区域描述	重点	方法	责任人	清扫频率
A区 A1	11#缸至19#缸身清洁，四周墙壁及窗户、地面、天花板及接口设备大办公室玻璃和控制设备	以10#缸边沿为界直到墙边、大办公室玻璃及墙内外自动控制全套设备	略	略	张三 李四	1次／天
A2	10#缸至1#缸身清洁，生产天车、加料天车及窗户、走道、地面	从1#至10#缸及从大门口至大办公室墙壁边沿	略	略	王五 赵六	1次／天
B区 B1	设备、周边物品、墙、窗、照明灯管架及地面	以大区交界为准	略	略	彭七	1次／天
C区 C1	两个镍缸，包括墙面、柱子两支及地面、过滤泵和窗户、照明灯	1#镍缸与回收缸中为界到外墙面	略	略	段二 杨三（左边）	每班／次
C2	回收缸及上下板架和地面柱子、整流器及风扇	1#镍缸与回收缸中到上下板架为界	略	略	罗甲 柳乙（右边）	每班／次

续表

代号	责任区	区域描述	重点	方法	责任人	清扫频率
C3	夹板区信道柱子，控制柜及金缸整流器和风扇	上、下板架到手动镍缸旁水沟下边为界	略	略	周三 毛八	每班/次
D区 D1	9#机周边物品，小办公室及所有水沟周边墙、风扇和天花板	以9#10#机中线为准，其他按D区范围为准	略	略	黎七 南六	1次/天
D2	10#机周边物品，地面周边柱墙和风扇及10#机对应天花板	同上	略	略	彭九 陈四	1次/天
E区	计算机控制室加小办公室	计算机控制室加小办公室地面环境卫生	略	略	唐丁	1次/天
F区	车间外墙及其他未完善地方窗户，清理轧辊区	轧辊区隔离墙为界	略	略	赵乙	1次/天

备注：天花板、壁扇1次/10天，设备2次/每周，其他1次/每天，每次清洁必须彻底，并在日常加以维护。

5.2.2.2 公共区域清扫日程化

把清扫作业清理出来，予以日程化，特别是共同使用的地方可采用轮流值日制。制定日程表的步骤如下。

（1）确定共同使用场所。包括：会议室、休息室、厕所、图书室等。

（2）进行任务分配。使用人、责任担当者。

（3）将清扫作业清理出来。依程序逐日分配。

（4）编制日程表并公告，编制轮值表，责任人间相互传阅，如表5-2所示。

5.2.2.3 决定清扫部位、要点、重点

决定了由谁来执行经常性的清扫后，接下来则是考虑清扫部位、要点、重点，如表5-3所示。

表5-2　7S清扫值日一览表

部门：　　　　　　　　　　　　区域：

序号	清扫项目	清扫频率	清扫责任人	执行标准	监督人	备注

表5-3　清扫部位及要点、重点

（设备／附属机械／周围环境）

清扫部位	清扫要点	清扫重点
1. 接触原材料／制品的部位，影响品质的部位（如传送带、滚子面、容器、配管内、光电管、测定仪器）	有无堵塞、摩擦、磨损等	（1）清除长年放置堆积的灰尘垃圾、污垢 （2）清除因油脂、原材料的飞散、溢出、泄漏造成的脏污 （3）清除涂膜卷曲、金属面生锈 （4）清除不必要的张贴物 （5）内容模糊、不明确的标识
2. 控制盘、操作盘内外	（1）有无不需要的物品、配线 （2）有无劣化部件 （3）有无螺丝类的松动、脱落……	
3. 设备驱动机械、部品（如链条、链轮、轴承、马达、风扇、变速器等）	（1）有无过热、异常声音、震动、缠绕、磨损、松动、脱落等 （2）润滑油泄漏飞散 （3）点检润滑作业的难易度	

续表

清扫部位	清扫要点	清扫重点
4. 仪表类（如压力、温度、浓度、电压、拉力等的指针）	（1）指针摆动 （2）指示值失常 （3）有无管理界限 （4）点检的难易度等	
5. 配管、配线及配管附件（如电路、液体、空气等的配管、开关阀门、变压器等）	（1）有无内容／流动方向／开关状态等标志 （2）有无不需要的配管器具 （3）有无裂纹、磨损	
6. 设备框架、外盖、信道、立脚点	点检作业难易度（明暗、阻挡看不见、狭窄）	
7. 其他附属机械（如容器、搬运机械、叉车、升降机、台车等）	（1）液体／粉尘泄漏、飞散 （2）原材料投入时的飞散 （3）有无搬运器具点检……	
8. 工夹具及存放的工具柜、工装架等	（1）有无标示及乱摆放 （2）保管方法等	（1）整顿规定位置以外放置的物品 （2）整理比正常需求多出的物品 （3）应急时可使用物品的替换 （4）整顿乱写乱画、乱摆乱放
9. 原材料、半成品、成品（含存放架、台）	（1）有无标示及乱摆放 （2）保管方法等	
10. 地面（如信道、作业场地及其区划、区划线等）	（1）有无区划线，是否模糊不清 （2）不需要物、指定物品以外的放置 （3）通行与作业上的安全性	
11. 保养用机器、工具（如点检／检查器械、润滑器具／材料、保管棚、备品等）	（1）放置、取用 （2）计量仪器类的脏污、精度等	
12. 墙壁、窗户、门扉	（1）脏污 （2）破损	

5.2.2.4 准备清扫用具

整理出来的清扫用具，要放置在容易取用、容易归位的地方。一般的清扫用具有以下几种。

（1）扫帚。对于切屑或粉末散落满地的现场，首先拿起扫帚开始清扫地板。

（2）拖把。主要用于擦拭地板。

（3）抹布。作业台、办公桌、机械类等，原则上是使用抹布清扫；灰尘或尘埃多的场合使用湿的抹布，需要磨光或除去油污者使用干抹布。

5.2.3 实施清扫工作

5.2.3.1 从工作岗位扫除一切垃圾灰尘

清扫工作要作业人员自己动手而不是清洁工来负责，清除常年堆积的灰尘污垢，不留死角，将地板、墙壁、天花板甚至灯罩的里边都要打扫得干干净净。在工作岗位内，设置一个区域，在这个区域内，所有看得到的或看不到的，所有的一切物品与机器设备，都要进行清扫。而清扫的目的就是要扫除一切垃圾和灰尘。

5.2.3.2 清扫、检查机器设备

设备应是一尘不染、干干净净的，每天都要保持原来的状态。在进行设备清扫时需要注意图5-8所示的几点。

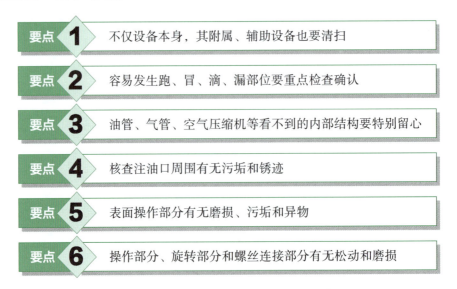

图5-8　进行设备清扫时需注意的要点

操作者应把设备的清扫与检查、保养润滑结合起来。常言道,清扫就是点检。通过清扫把污秽、灰尘尤其是原材料加工时剩余的那些东西清除掉。这样磨耗、瑕疵、漏油、松动、裂纹、变形等问题就会彻底地暴露出来,也就可以采取相应的弥补措施,使设备处于完好整洁的状态。

为了使操作者能胜任对设备的点检工作,对操作者应进行一定的专业技术知识和设备原理、构造、机能的教育。这项工作可由技术人员担当,并且要尽量采取轻松活动的方式进行。

日常点检的内容包括以下几点。

(1)对开关和电器操作系统进行点检

①对各类仪表进行点检时,应注意液位是否清晰、表针是否归零、指示灯是否正常工作等。

②对开关按钮进行点检时,应检查转换开关、行程开关、限位开关等有无灰尘、接触不良、老化损坏等现象。

③对机械传动部分进行点检时,要注意是否有异常的声音和发热,是否有漏油、异味以及螺钉松动偏移、床身震动等现象。

(2)对润滑、油压系统进行点检

①润滑系统的检查。对润滑系统,按照"供油门→油箱→输油管→注油点"的顺序检查,其具体内容如图5-9所示。

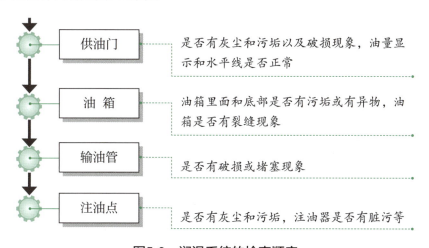

图5-9 润滑系统的检查顺序

②油压系统的检查。对油压系统，按照"供油口→压力油箱→油泵→控制阀→油压缸"的顺序检查，其具体内容如图5-10所示。

图5-10　油压系统检查顺序

（3）对电气控制和空气压缩系统进行点检

①电气控制系统的检查。对电气控制系统，按照"控制台→限位开关→配电线→驱动系统→伺服系统"顺序检查，其具体内容如图5-11所示。

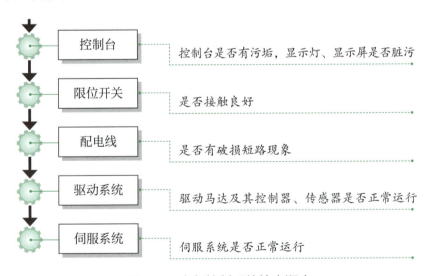

图5-11　电气控制系统检查顺序

②空压压缩系统的检查。对空压压缩系统，按照"空气3点装置→控制阀→汽缸→排气装置"的顺序检查，其具体内容如图5-12所示。

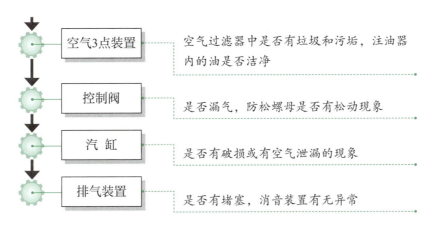

图5-12　空压压缩系统检查顺序

5.2.3.3　整修

对清扫中发现的问题，企业要及时进行整修。如地板凹凸不平，搬运的车辆走在上面就会使物品摇晃甚至碰撞，从而导致问题发生，这样的地板就要及时进行整修。对于松动的螺栓要马上紧固，补上丢失的螺丝螺帽等配件，对于那些需要防锈保护、润滑的部位要按照规定及时地加油或保养。更换老化的或可能破损的水、气、油等各种管道。只有通过清扫，才能随时发现工作场所中的机器设备，或一些不容易看到的地方需要维修或保养，从而便于添置必要的安全防护装置。比方说，防电的鞋、绝缘手套等，要及时更换绝缘层；已经老化或被老鼠咬坏的导线，要及时更换并予以处理。图5-13所示为齿轮加防护罩。

5.2.4　检查清扫结果

5.2.4.1　检查项目

操作者在清扫结束之后要进行清扫结果的检查，检查项目有以下几个方面。

（1）是否清除了污染源。

（2）是否对地面、窗户等地方进行了彻底的清扫和破损修补。

（3）是否对机器设备进行了从里到外的、全面的清洗和打扫。

齿轮位置上方加上防护罩。

图5-13　齿轮加防护罩

对于清扫部位和要求都明确的以表格形式固定下来（如表5-4所示），值日员工每日按照要求进行检查，把检查结果记录下来，作为员工或部门7S考核的依据。

表5-4　生产部7S区域清扫检查表

（区域位置：　　　值日人员：　　　）

项目	清扫部位	清扫周期	要求	年　月			
				1	2	…	31
机器设备	内外部污垢、周边环境	停机时	眼观干净，手摸无积压灰尘				
			地面无明显废屑。正在生产的设备，地面不能有两种材料的废屑（未生产的材料废屑明显）				
地面	表面	每天	保持清洁，无污垢、碎屑、积水等				
	通道		无堆放物，保持通畅				
	摆放物品		定位、无杂物，摆放整齐无压线				
	清洁用具		归位摆放整齐，保持用品本身干净				
墙／天花板	墙面	每天	干净，无蜘蛛网，所挂物品无灰尘				
	消防		灭火器指针指在绿色区域，有定期点检				
	开关、照明		部门人员清楚每一个开关所控制的照明和设备				
			标志清楚，干净无积尘，下班时关闭电源				
	门窗		玻璃干净，门及玻璃无破损，框架无积尘				
	公告栏	1次／周	无灰尘，内容及时更新				
	天花板	有脏污时	保持清洁，无蛛网、无剥落				

续表

项目	清扫部位	清扫周期	要求	年 月		
				1	2 …	31
工作台办公桌	桌面	每天	摆放整齐、干净，无多余垫压物			
	抽屉		物品分类存放，整齐清洁，公私物品分开放置			
	座椅/文件		及时归位，文件架分类标示清楚			
箱/柜	表面		眼观干净，手摸无尘，无不要物			
	内部		分类摆放整齐、清洁			
茶桌	茶杯/茶瓶	每天	摆放整齐，茶瓶表面干净无污渍			
	表面		保持清洁，无污垢、积水等			
工具设备	表面		不使用时，归位放置，摆放整齐、稳固，无积尘，无杂物，放在设备上的物品要整齐			

组长或区域负责人签字

注：（1）每天上午9:00由值日员工确认，合格在相应栏内打"○"，不合格应立即整改；不能立即整改的，先画"△"，待整改后画"√"。

（2）每天上午9:00以后，区域负责人检查确认（生产车间由组长检查确认），并在确认栏签字，检查情况记入7S个人考核记录表。

（3）每天7S主任和副主任对各区进行不定时的检查，对不符合项目按评分表进行扣分。

（4）各区域负责人要监督管理好所管辖区域7S状况，确保所辖区域清洁，及时制止另一部门的同事在本区域内出现不符合7S的情况。

5.2.4.2 检查方法

除了7S活动委员会的定期巡查之外，作为现场管理人员如何快速检查本部门的清扫效果呢？尤其是人多事杂的部门，如果逐个工序、逐个项目地检查，耗时又费力。这里推荐一个轻松方便的方法——"白手套检查法"。

（1）白手套检查法如何运用。清扫检查时，检查人员双手都戴上白色干净的手套（尼龙、纯棉质地均可）。在检查相关的对象之前，先向该工序的责任人员出示你的手套是干净的，然后在该检查对象的相关部位来回刮擦数次，接着再将手套重新向责任人员出示，由责任人员自己判定清扫结果是否良好。如果手套有明显脏污，则证明清扫工作没做好，反之则说明清扫符合要求。如图5-14所示。

这种方法简单明了，反映的结果客观公正，具有极强的可操作性。在绝大多数情况下，当事者都乐于接受手套上所反映出来的结果，不会产生抵触情绪，因为结果自己也亲眼看到了，无话可说，管理人员也用不着费口舌。检查结束后，当事人都会积极配合进行改善活动。

（2）注意事项。用白手套法检查时要注意以下事项，具体如图5-15所示。

干净不干净展示一下白手套，管理者不用多费口舌。

图5-14　白手套检查法

事项一　多预备几对手套

尤其是对长流水线的工序，往往只用一对手套检查是不够的。擦脏的手套要另外摆放，事后即时清洗，这本身也是清扫的一部分

事项二　每次只用一个手指头的正面或背面来检查

如果每次都用手掌面来确认的话，那手套肯定不够用，但是分开十个指头的话就不同了：十个手指头的正反面，加上手掌面和手背面，一对手套就能检查22个工序。如果手指头和工序一一对应的话，只要看一下最终结果，就知道哪些工序有问题

事项三　也可以用白纸、白布切成小块后来刮擦

检查有油脂、油墨的工序时，油脂、油墨一旦黏上手套的话，手套也得报废，因此要改用白纸、碎白布之类的东西进行检查

事项四　多让当事者自己判定

就现场来说，绝大多数作业人员存在不愿意输给他人的心理，管理人员只要把十个手指头一亮，作业人员自然就会把自己与前后工序进行比较，有比较就会有进步，不好的会改善，好的会更好

事项五　擦拭部位要不断变换

如果每次检查都固定在某一部位上，久而久之，大家都会误以为检查只是流于形式，从而日渐松懈，而个别不自觉的人，甚至会趁机偷懒耍滑，只清扫你每次检查擦拭的地方

图5-15　白手套法检查应注意的事项

5.2.5 调查脏污的来源，彻底根除

即使每天都进行清扫，油渍、灰尘和碎屑还是无法杜绝，要彻底解决问题，还须查明污染的发生源，从根本上解决问题。

5.2.5.1 污染、泄漏产生的原因

工厂污染发生源产生的原因，大致有以下几个方面。如图5-16所示。

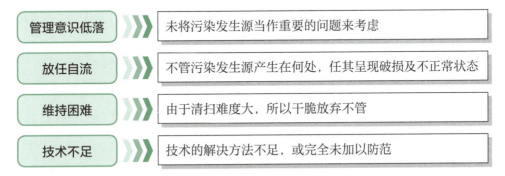

图5-16 污染发生源产生的原因

5.2.5.2 污染发生源调查

（1）将污染的对象明确化。在进行发生源调查之前，须先确认是什么污染物。由于污染的种类、形态、严重度、产生量等不同，大扫除的方法、调查的方法以及对策也不同。

（2）追寻污染发生源。污染是由于制造过程中自然发生的或不应该发生的，或绝对不可发生的；是不注意而造成严重的污染还是量过多来不及回收所致……总之，必须追查污染物为什么会发生及确定如何处置，并以认真的态度及有效的方法追根究底。

（3）决定污染最严重的重点部位。通过对污染源的调查，将具体的发生部位挂上标示牌，其内容包括发生部位、状态、发生量（数字明确标示量化程度）、测定方法，以及防范方法（防止对策或回收方法）。

调查后，就可决定污染最严重的重点部位，如护盖移位或松动等可以立即实施对策，不过其他项目，须依重点顺序实施对策。具体可制定污染源的发生清单，按计划逐步改善，根据污染发生源的影响程度、治理难度确定具体的解决方法。

5.2.5.3 寻求解决对策

污染源对策就是思考减少污染发生量或完全不让污染发生的办法。在具体对策方面有以下几点。

（1）研讨各种技术，在容易产生粉尘、喷雾、飞屑的部位，装上挡板、护盖等改善装置，将污染源局部化，以保障作业安全及利于废料收集，减少污染。

（2）在设备更换、移位时，同样要将破损处修复。

（3）日常的维持管理是相当重要的，对有黏性的废物如胶纸、不干胶、发泡液等，必须通过收集装置进行收集，以免弄脏地面。

（4）在机器擦洗干净后要仔细地检查给油、油管、油泵、阀门、开关等部位，观察油槽周围有无容易渗入灰尘的间隙或缺口，排气装置、过滤网、开关是否有磨损、泄漏现象等。

（5）电器控制系统开关、紧固件、指示灯、轴承等部位是否完好。

（6）须思考高效率的收集或去除污染的方法。如改进油、废水回收的导槽、配管及收取粉尘而装设的集中收集装置，多角度思考使污染物不到处飞散的方法，特制打扫用具，制作让切屑粉容易流动并方便扫除的设备等。

5.2.5.4 对策所要花费的费用及工时的评估

一旦对污染源采取对策之后，对于对策所要花费的费用及工时的评估、对策的难易度、是否自己能解决或者须依赖其他部门的技术支援等问题都要加以分析。进一步思考所采取的对策期待的效果大小，并设定优先顺序，然后才实施。以下为某公司7S实施中对污染源产生的原因分析及对策意见（见表5-5所示）。

表5-5 污染源对策及费用评估

序号	产生原因	应对策略	采购费用评估
1	地面质量差，坑洼太多，脱落厉害，灰尘到处飞扬，不仅影响产品外观，同时清洁费时费工（通信、橡缆主通道）	（1）铺钢板 （2）铺水磨石 （3）铺沥青（能承压，比较便宜，建议选择） （4）不变	略
2	很多设备管道陈旧，颜色脱落（通信、拉丝、炼胶）	（1）专业公司喷漆。美观，质量好，时间短（建议选择） （2）自己喷漆。不美观，时间会长，费用相对会便宜 （3）不变，维持原状	略

Chapter 6

清洁（SEIKETSU）的实施

6.1 清洁概述

清洁就是将整理、整顿、清扫进行到底,并且制度化,管理公开化,透明化。

6.1.1 清洁标准的三要素

清洁的标准包含以下三个要素。

(1)干净。

(2)高效。

(3)安全。

图6-1所示为清洁的环境。

> 清洁的目的是为了坚持前几个管理环节的成果。

图6-1 清洁的环境

6.1.2 清洁实施的工作程序

清洁实施的工作程序如图6-2所示。

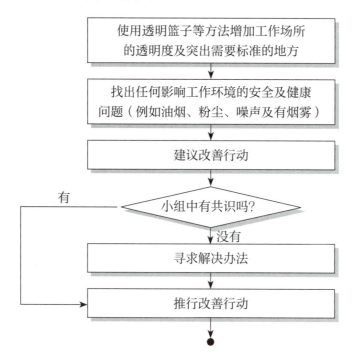

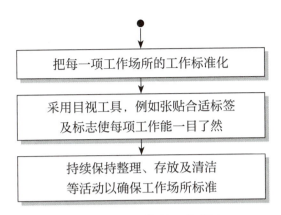

图6-2 清洁实施的工作程序

6.2 清洁的执行

6.2.1 3S检查

在开始清洁时,要对"清洁度"进行检查,7S推行办公室应制定出详细的明细检查表,以明确"清洁的状态"。

6.2.1.1 检查的重点

3S检查的重点如下。

(1)周遭是否有不必要的东西?
(2)治工具可以立即使用吗?
(3)每天早上有没有做扫除工作?
(4)工作结束时有没有做收拾整理工作?

6.2.1.2 不符合的改善

检查时如果发现不符点,检查者一定要在所发现问题处贴红牌,将不符点拍摄下来,提出改善建议,并填写"3S问题改善单"(如表6-1所示)进行跟踪,直到改善好。

表6-1 3S问题改善单

责任单位:	编号:
项目区分	□物料 □产品 □电气 □作业台 □机器 □地面 □墙壁 □门窗 □文件 □档案 □看板 □办公设备 □运输设备 □更衣室 □厕所

续表

红牌原因	问题现象描述	
	理由	
发行人		
改善期限		
改善责任人		
处理方案		
处理结果		
效果确认	□可（关闭）　□不可（重对策） 确认者：	

> 用的纸一定要是红色的，以起警示作用！

6.2.2 设定"责任者"，加强管理

"责任者"（负责的人），必须以较厚卡片和较粗字体标示，且张贴或悬挂在责任区最显而易见的地方。如图6-3所示。

> 文件管理责任人明确。

> 电子材料仓库责任人。

表6-3 责任者标牌

6.2.3 坚持实施5分钟3S活动

每天工作结束之后，花5分钟对自己的工作范围进行整理、整顿、清扫活动，不论是生产现场还是行政办公室都要推进该活动。

6.2.3.1 生产现场——5分钟／10分钟3S活动内容

生产现场——5分钟／10分钟3S活动内容如表6-2所示。

表6-2 生产现场——5分钟／10分钟3S活动内容

区 分		活 动 内 容
5分钟 3S活动	1	检查你的着装状况和清洁度
	2	检查是否有物品掉在地上，将掉在地上的物品都捡起来，如零件、产品、废料及其他
	3	用抹布擦干净仪表、设备、机器的主要部位以及其他重要的地方
	4	擦干净溅落或渗漏的水、油或其他脏污
	5	重新放置那些放错位置的物品
	6	将标示牌、标签等擦干净，保持字迹清晰
	7	确保所有工具都放在应该放置的地方
	8	处理所有非必需品
10分钟 3S活动	1	实施上述5分钟3S活动的所有内容
	2	用抹布擦干净关键的部件及机器上的其他位置
	3	固定可能脱落的标签
	4	清洁地面
	5	扔掉废料箱内的废料
	6	对个人工具柜进行整理或对文件资料、记录进行整理

6.2.3.2 办公室——5分钟／10分钟3S活动内容

办公室——5分钟／10分钟3S活动内容如表6-3所示。

表6-3 办公室——5分钟／10分钟3S活动内容

区 分		活 动 内 容
5分钟 3S活动	1	检查你的着装状况和清洁度
	2	检查是否有物品掉在地上，将掉在地上的物品都捡起来，如回形针、文件及其他

续表

区 分		活 动 内 容
5分钟 3S活动	3	整理和彻底清洁桌面
	4	检查存放文件的位置，将文件放回它们应该放置的位置
	5	扔掉不需要的物品，包括抽屉内的私人物品
	6	检查档案柜、书架及其他家具等，将放得不恰当的物品改正过来
10分钟 3S活动	1	实施上述5分钟3S活动的所有内容
	2	用抹布擦干净计算机、传真机及其他办公设备
	3	固定可能脱落的标签
	4	清洁地面
	5	扔掉垃圾篓内的垃圾
	6	检查电源开关、门窗、空调等是否已关上

6.2.4　3S目视化

6.2.4.1　透明化

在7S活动中，通常整理、整顿、清扫做得最差的地方，往往是看不到的场所，如藏在铁架或设备护盖背后的东西，此时，即可以利用目视管理，例如：取下护盖让它透明化，或在外部护盖上加装视窗，可以看到里面的电气控制盘。如图6-4所示。

6.2.4.2　状态的量化

装上各种量测仪器，将数量定量化，并用颜色标示管理界限，一旦有异常，便可立即了解。

6.2.4.3　状态视觉化

如在电风扇上绑上布条，可以了解其送风状况，将配水管的一部分采用透明管道，并装上浮标，可以目视管理做好水流管理。

6.2.5　适时深入培训

3S活动开展初期，作业人员接受的是大众化的培训内容，如果要和自己的工作对号入座的话，有时又不知道从何做起。这就要求培训人员（管理人员）深入到每一个工序，与作业人员交换意见，制定具体的3S项目。

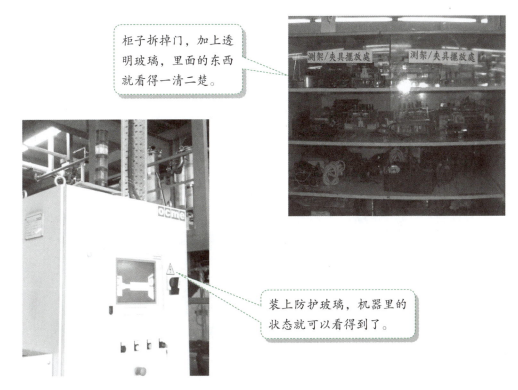

图6-4　透明化管理

6.2.6　3S标准化

前面3S推进到一定程度，就进入了实施标准化的阶段。

在生产管理现场，"标准"可以理解为"做事情的最佳方法"。

对整理、整顿、清扫如果不进行标准化，员工就只能按自己的理解去做，实施的深度就会很有限，就只能进行诸如扫扫地、擦擦灰、摆放整齐一点之类的事情。

要彻底地进行整理、整顿、清扫工作就必须对3S活动的维护方法及异常时的处理方法加以标准化（标准的建立可以参考本章附录），以维持整理、整顿、清扫工作必要的实施水准，避免由于作业方法不正确导致的实施水准不高、工作效率过低和可能引起的对设备和人身造成的安全事故。

小贴士

对工作方法进行分析总结，将最正确、最经济、最有效率的工作方法加以文件化，并教育员工在作业中遵照执行，这就是标准化工作。标准化的好处是工作程序维持在最佳状态，避免工作出现偏差。

附录

3S常见问题整改备忘表

跟进日期：　　　　　　　跟进人：

序号	问题点及改善建议		责任人	计划完成日期	跟进情况
1	问题点：地上无指示方向箭头	改善建议： （1）需要在地上用绿色画地标指示方向 （2）参考样板			
2	问题点：仍无确定责任人及划定责任区，应再制作好标示	改善建议： 做好防护的设备应再进行责任区及责任人的标示			

续表

序号	问题点及改善建议		责任人	计划完成日期	跟进情况
3	问题点：划分好的区域内仍是存放有很多杂物	改善建议： （1）确定区域责任人，实行责任到人 （2）区分要与不要的物品，并将不要的物品移除 （3）将有用的物品进行合理的包装后整齐存放，并标示清楚			
4	问题点：未实行定位放置，设备及相关物品放置凌乱	改善建议： 对设备实行定位整齐划一存放，并将配套胶筐等也实行定位放置，并画好定位线			

续表

序号	问题点及改善建议		责任人	计划完成日期	跟进情况
5	问题点：设备上的标示牌破损，状态不明确	改善建议：制作一个统一的标示牌子，以便每天监督			
6	问题点：设备和模具上放有其他杂物，灰尘很多	改善建议： （1）对设备和模具做全面清扫 （2）要求作业人员下班前将设备上的杂物全部放置好，并清扫设备周边的卫生			

续表

序号	问题点及改善建议		责任人	计划完成日期	跟进情况
7	问题点：设备有漏油，污染地面，影响美观	改善建议： （1）检查设备漏油的部位并全面修理好 （2）将这方面纳入设备日常保养要求内			
8	问题点：消防设施下面堆放有杂物	改善建议： （1）移除消防设施下面的杂物 （2）按要求在消防设施下方画警示线			

续表

序号	问题点及改善建议		责任人	计划完成日期	跟进情况
9	问题点：电源控制箱上没有安全警告标志	改善建议：购置规范的安全警告标志，并在下方画警戒线			
10	问题点：空压机设备里侧脏乱	改善建议： （1）划定此区域责任人 （2）要求定期清扫			
11	问题点：开关无对应的标志	改善建议：所有开关均按要求贴上标志			

续表

序号	问题点及改善建议		责任人	计划完成日期	跟进情况
12	问题点：有些物品仍未进行整理和整顿	改善建议：参考整理、整顿执行标准，要求进行定点定位放置及标示清楚			
13	问题点：物品放置区没有划区域线及作对应的区域标示	改善建议： （1）分析此区域存放物品的必要性，如有必要则需要划定固定区域，并做好区域标示及确定责任人 （2）将所有物品进行整理和整顿			

续表

序号	问题点及改善建议		责任人	计划完成日期	跟进情况
14	问题点：模具架看板损坏未处理	改善建议：重新制作统一的模具架看板，并重新对清单格式进行统一			
15	问题点：模具架上对模具的标示用手写太随意性	改善建议：改用统一字体字号的打印标示			
16	问题点：电话线在随意张挂	改善建议：改用线管或是线用隐藏的方式			

备注：跟进栏中符号填写：☆——已安排；◎——实施中；○——已完成。

Chapter 7

素养（SHITSUKE）的实施

7.1 继续推动前 5S 活动

前5S是基本动作，也是手段，主要借这些基本动作或手段来使员工在无形中养成一种保持整洁的习惯。通过前5S的持续实践，可以使员工实际体验"整洁"的作业场所，从而养成爱整洁的习惯。如果前5S没有落实，则第6个S（素养）就没有办法达成。

7.2 制定相关的规章制度并严格执行

企业制定的各种规章制度，包括操作规范、用语、行为、礼仪和着装等员工守则，都是员工的行为准则，应达成全员共识，形成企业文化的基础，帮助员工提升素养。对于仪容、仪表甚至可以用图表的形式展示出来，如图7-1所示。

某企业将管理规定贴在车间的看板上。

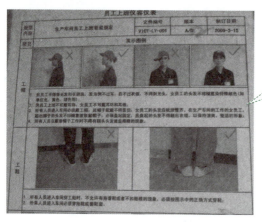

员工上班礼仪礼表要求的对与否以图的形式显现出来。

图7-1　规章制度贴上墙

规章制度只要一经制定，任何人都必须严格遵守，否则就失去意义了。当一个破坏规则的人出现以后，如果没有给他处罚，连续的破坏规则的现象就会出现。

7.3 制定员工素养活动手册

要使员工养成素养，则必须使员工知道素养的要求，因为素养体现在每个细节中，所以，应当制定素养活动手册，加强培训，以期在日常生活中熏陶和改变每一位员工。

以下提供某企业员工素养活动手册供参考。

范本　员工素养活动手册

员工素养活动手册

口号：我的素养，××的形象。

序言

公司是一个集体，大家共同工作，共同努力，都希望每天上班处在舒畅、温馨、和谐的工作环境里。因此人际关系非常重要，为了保持良好的人际关系，请谨记以下事项：

☆遵守公司规章制度；

☆对待工作认真负责，严细慎实；

☆注意在语言和态度上不伤害他人；

☆坦诚倾听他人意见，态度诚恳；

☆注意体谅他人的难处；

☆注意日常礼貌、问候；

对他人多用感谢、赞赏的语言。

一、员工素养活动的目的

（1）促使人人有礼节、懂礼貌、守规范，进而形成优良风气，创造和睦的团队精神。

（2）发动公司所有单位和部门全面展开7S素养活动，人人积极投入参与，使之成为公司全员的日常活动。

（3）让同事和客人有舒适感、亲切感、方便感、安全感。

二、员工素养活动的有关定义

(1)礼节——是对他人态度的外表和行为规则,是礼貌在语言、行为、仪态方面的具体规定。

(2)礼貌——是人们之间相互表示尊重和友好行为的总称。它的第一要素就是尊敬之心。

(3)仪表——是人的外表,包括容貌、姿态、个人卫生和服饰,是人的精神状态的外在表现。

(4)仪态——是指人们在交际活动、日常工作和生活中的举止所表现出来的姿态和风度。

(5)表情——是人的面部动态所流露的情感。在给别人的印象中,表情非常重要。

三、员工素养活动的适用范围

全公司的所有干部和员工。

四、员工素养活动的教育内容

(一)工作中的职业素养

按照公司各单位《职业规范》的内容,认真履行工作中与仪容、班前班后、人事管理、生产运转、质量、工艺设定有关的规范要求。通过每个人的努力,让工作过程更加顺畅,工作配合更加协调。

1. 生产现场的日常素养

生产现场的日常素养每天、每周及不定期的内容如下表所示。

生产现场的日常素养内容

频率	素养活动内容
每天	• 正确穿着工作服,保持整洁 • 工具/物品随手归位,摆放整齐,不压线 • 物料/产品轻拿轻放,有序整齐,防止混放 • 不随地放杂物、扔垃圾或烟头,经常清扫地面 • 不能确定位置的物品放到暂放区,或作暂放标识 • 爱护公共物品,避免在墙壁、设备设施上留下刮痕和污迹 • 按要求进行日常点检,及时报告异常现象 • 遵守安全操作规程,无不安全行为 • 保持台面、桌面干净无尘,每日擦拭用过的工具/附件,去油污 • 下班前整理好台(桌)面物品并归位,关好门窗/水电气/设备,个人保管物品归位

续表

频率	素养活动内容
每周	• 进行一次工具柜整理，清理不要物 • 全面整理工作区，对暂放物进行处置 • 清点现场堆积的物料，只保留必要的量，及时退库 • 更新破损/脱落/卷角/模糊/过期的标识 • 清洁窗户、柜顶、货架等不常触及的部位 • 清洁周转用的托盘、容器和推车
不定期	• 添置工作任务相关的工装器具 • 提出改进工作效率、质量和安全的装置设施 • 及时更新信息栏内容，去掉过时和多余张贴物 • 根据工作任务调整工具物品的定位和标识 • 经常使用礼貌用语，待人有礼有节

2. 办公室的日常素养

办公室的日常素养每天、每周及不定期的内容如下表所示。

办公室的日常素养内容

频率	素养活动内容
每天	• 正确穿着工作服，保持整洁 • 桌面物品随手归位，并按基准线摆放整齐 • 文件处理后及时归档，处理中的文书叠放整齐 • 经常清扫地面，不随地掉纸屑和扔烟头 • 清洁用具摆放整齐，及时倒垃圾，并保持垃圾筒（篓）本身的清洁 • 擦拭台面、桌面、文件柜、窗台、电源插座和照明开关，保持清洁 • 及时清理电脑台、传真桌和茶几上临时摆放的文件、纸张和物品 • 及时清理茶几上的一次性水杯和其他物品 • 接打电话使用电话礼貌用语 • 下班前整理好桌面物品和资料，关窗锁门断电停水，个人桌面清理干净
每周	• 进行一次文件柜和个人物品柜、抽屉整理，清理不要物 • 对办公室暂放物进行处置，办公桌椅对整齐 • 将待处理文件和临时性的参考资料处理或废弃 • 更新破损/脱落/卷角/模糊/过期的标识 • 清洁窗户、墙角、物品架等不常触及的部位 • 对电脑文件夹和文档进行整理，删除"垃圾"文件

续表

频率	素养活动内容
不定期	• 整理新产生的文件资料 • 提出改进工作效率和质量的方法 • 及时更新信息栏的内容，去掉过期和多余张贴物 • 根据工作任务调整文件/物品的定位与标识 • 经常使用礼貌用语，待人诚恳

3. 职业素养要求

（1）不在工作时间干私活或利用公司财物干私活（玩游戏、音乐、复印私人资料等）。

（2）不泄露、打听或谈论他人薪资。

（3）保守公司的商业机密，不偷看、泄露公司机密；不私带外来人员参观生产厂区、拍照。

（4）未经公司同意，不从事与公司相同或相似的业务活动，或为公司的竞争对手效力。

（5）不发表虚假或诽谤性言论，从而影响公司或其他员工声誉。

（6）不滥用职权、损公肥私、贪污、挪用公司财产、索取或接受任何贿赂。

（7）不从事任何违法违纪活动。

（二）车间作业规范的具体要求

1. 仪表仪容

（1）着装。从安全、质量、形象等角度出发，在工作时要求着装应遵守以下规定。

——员工卡要挂在胸前（或佩带在左胸前）。

——负责人标志明确。

——工作服以扣上五个扣子为准，由上数第一个扣子随意。

——袖口要扣上，卷起时为了防止挂上物品或设备，规定袖口要卷起两卷以上，以防袖口松开。

——为了防止笔（圆珠笔等）掉入机器内，相关工程操作人员必须佩带笔链。

——必须在指定范围内穿着工作鞋（特定区域必须穿着指定的工作鞋），穿工作鞋必须穿袜子。

（2）仪容。为了有效维护公司的安全及风纪秩序，请遵守以下各项规定：

——为了防止操作中指甲折断、脱落，请将指甲剪齐，并保持清洁干净（工作有必要留指甲的员工必须得到班长以上人员批准方可蓄留）。

——上班在工位操作时不许佩带任何可能造成产品不良（如划伤）的饰物。

——头发齐肩要戴好工作帽。

2. 上班前

（1）私人物品的管理。为防止私人物品混入产品中，不允许在操作工区（工位）内放置私人物品，应将其放入私人物品柜或抽屉中。

（2）出勤时间的管理。为保证生产能准时开始，应提前进入自己的工作岗位，留有充分的准备时间。上班前，在工作现场入口处进行出勤记录（打卡机或出勤牌等）。

（3）出勤、缺勤的管理。出勤、缺勤的管理，以自我管理为准，进入工厂时要打卡记录（严禁叫他人替代或替他人打卡）。

（4）请假。

——员工因事请假须事先呈交请假申请单，1日以内经部门主管同意后方可执行，超过1日须经厂长审批。

——当天请假时，由于要事先要对生产工作进行调整，因此必须在上午开工前请示批准后，方可休息。

——特殊情况，时间不超过4小时的（以不违反现有规定为原则），也可由同事代请假或电话通知，事后上班要补填请假申请单并加以说明（必要时应出示相应的证明文件和疾病证明书等）。

（5）工作前的检查。把自己要使用的夹具、工具及辅料放在自己的工位上并检查是否完好、足够，为晨会后生产的运转做好准备。

3. 工作中

（1）工作前的状态。为了不致因为操作延迟而影响他人工作，在上班前要回到自己的工位上。

（2）操作的基本要领：为连续稳定地生产优质产品，必须按作业规范操作。

（3）禁止做规定以外的操作：为防止不良现象的发生，禁止进行规范以外的操作。

（4）遵守工作指示系统：为避免错误操作，原则上不接受除自己上级以外的任何指示（当有可能发生造成设备损坏或危及生命安全时例外）。

（5）拾起落下物件的义务：为防止操作失误，部件欠缺、散落或损坏，当工作中落下螺钉、垫圈、部件等必须拾起。对装配作业，无法拾起或找不到时，应马上与上级联络。

（6）报告异常情况的义务：为及早发现不良情况，如果在操作过程中对部件、操作、设备等感到"奇怪"时，应马上向上级报告。

——部件的形状、颜色、长度、直径、触感、位置、气味、质地、厚薄等"感觉奇怪"时。

——操作过程混乱、无法完成，部件安装后易脱落或太紧等。

——设备、工具怪异等。

（7）有事时进行申请：在身体不舒适、受伤时，请及时提出。

（8）零部件的使用：使用零部件时，请注意勿使部件弯曲、脏污或使自己受伤。

（9）禁止把零部件直接放在地上：为避免产品、部件或放置部件的容器中落入灰尘、脏污或受潮，不要把其直接放置于地面上，应放在托盘或转运架上。（特殊工件除外）

（10）禁止垂直放置：为防止转运架倒下伤人，禁止垂直放置转运架。

（11）产品的移动：为防止扭伤，可以由多人换抬重物及零部件，建议使用推车。

（12）操作保护用具的使用：一定要使用操作安全规则上所规定的保护用具，保护用具有以下几种：

——防止气体或飞沫吸入……面具、口罩

——遮光、防止飞沫附着……眼镜

——防止直接接触……手套

——防止电感应……绝缘垫、绝缘手套

——噪声的防护……耳罩

——预防高处跌落……安全带

——预防砸伤……安全帽

（13）通电试验：

——在耐压、地线导通试验中，因有感应电流，危险性很大，故绝对禁止触摸产品；对企图触摸产品的人，应大声提醒其注意。

——有带电产品的工序以及要采用高压的工序一定要使用绝缘垫。

——由于导电垫、导电腕套等有感应电流的危险，禁止在有带电产品的工序以及采用高压的工序中使用。

——在高压工作区要挂设警示标志。

（14）静电保护：为保护静电敏感器件不受人体所带静电的影响，在指定的工位里一定要使用防静电用品（如腕套、鞋、垫片、手套、指套等）。

（15）库存物品的管理：不要允许外部人员擅自取用库存物品，需用者必须填写领料单。

（16）生产停顿时：因某种原因使生产空闲或停止时，不要离开自己的工位，可以把自己周围整理一下，检查一下组装好的机械等，上级有指示时要依指示行动。

（17）为保证工作的高效率和产品的高品质，工作中不得擅离职守到他人工位谈论与工作无关的事宜，确属工作问题请与上级联络。

（18）超时工作：是为保证生产计划的完成采用的非常措施，员工应配合工作安排。确有原因或身体不适不能参加者，须向上级说明（出示必要的证明），获准后方可不参加超时工作。

（19）口香糖、糖果、零食在作业中禁止进食。

4. 休息时间

（1）休息场所。使用休息场所应遵守以下各项规定：

——吸烟：严禁在工作区内吸烟，要到规定场所。

——饮食：保持开水供应区的清洁，剩水要倒入桶内。

——在休息区休息时，不得采用不雅或影响他人的姿势，休息后休息用椅须放回原位置，保持休息区的清洁整齐。

——休息时不许大声喧哗，影响他人。

（2）洗手间。使用共用场所的洗手间时应遵守以下各项规定：

——厕所内：不许乱涂乱画；不许乱扔烟头；保持清洁，便后冲水，用后的纸应放入纸篓中。

——有机溶剂等药品会引起环境污染，造成公害。所以甲苯、酒精、天那水、螺丝制动蜡、油漆等药品，绝对不能流入厕所、洗手池中。

——不许向厕所内乱倒杂物，防止堵塞。

（3）安全：去餐厅、公共场所时，不要奔跑，以免在拐弯等不能直望过去的地方发生碰撞。在餐厅和公共场所内严格遵守公共秩序。

5. 下班后

（1）电源：为了防止火灾，对自己使用和负责的电源，都必须将之关闭到OFF状态。

（2）工作间隙：工作结束或中间休息时，要为下面的工作做好准备，应将本次工作持续到做完为止。

（3）工装夹具的保养和准备：精密仪器清洁之后应归回原位，量具盖好盖子；大件的上架或叠放的工装夹具，也应做好清洁和防尘工作。

（4）产品的保护：为防止赃物、灰尘等落在产品上对其造成不良影响，在特定的场合下要给产品加盖防护罩。

（5）加工设备的清扫

——清扫设备时要戴好必要的保护用具。

——清扫设备时，要关断电源并在电源配电柜上贴警示标识："设备保养，严禁合闸"。

——清扫时被移动的台架必须在清扫后放回到原位。

6. 处罚规定

凡违反本单位规定的，将给予以下处罚：本单位制定有相应的工艺、质量、设备、安全、7S现场管理、考勤等方面的管理制度。违反相应条款，将会受到处罚。

7. 生产启动管理

（1）出勤情况的掌握

——掌握好8：00出勤的情况。

——如有缺勤，先确认班组内能否解决，再确认本部门能否解决。

——本部门不能解决时要速与厂部取得联系。

（2）出勤情况的联络：上午9：00前各班组就有关出勤情况与部门进行联系。

（3）针对协助人员

——协助人员不能进入重要工程。

——以作业规范为基准进行指导。

——一定要检查操作结果。

——当有不合格现象发生时，一定要确认所教各项工作。

（4）重要工序员工缺勤

——确认替代人员是否能掌握所有重要工序的工作。

——顶替主要缺勤人员进入生产工位的，最高的是班组长（工段长、主任负责确认其操作结果）。

（5）生产启动时间：一般情况下生产从8：05分开始运转，全体晨会等特殊情况除外。

（6）晨会时间：各班组、车间的晨会时间不宜过长，要保证生产在8：05分开始运转。

（7）加班申请：加班申请报告在每天下午5：00前，经车间主任确认后，交到相关部门。

8. 不合格品处理

（1）返修品的标识：为提醒操作者，防止错用或误用零部件，当返修品准备再投入生产时必须有明显标识。

（2）修理备件的管理：为防止修理时产生缺货，修理产品时卸下的螺丝、垫圈、小零件等要放在指定的容器（工具车配备的零件盒等）里，修理后要确认一下，以免遗漏。

（3）修理时的灾害防止：为防止受伤、触电的发生，在处理驱动部、驱动部周围及高压时，一定要关闭电源。

（4）返修品的再检：修理是非稳定操作，易发生不良，因此返修品应经过专人全检后才能再进入使用。

（5）重复故障现象：为了使重复故障现象再次出现时能有一个正确的对策，确认过的各项内容应记入在检查表上。何一种所出现的重复故障现象均应报告质量技术部门，由质量技术部门指示确认的方法，并记入存档，以保证今后同类现象出现时可按同样方法确认。

9. 不要物

不要物的处理：参见《不要物处理程序》。

10. 应对

（1）判断：回答问题应清晰明确，不能暧昧不清。

（2）记录：一定要把得到的任务或指示记录下来。

（3）报告：接到操作者的报告之后，一定要把处理意见反馈回去。

11. 操作指导

（1）根据作业规范进行指导：无论何时传授操作知识时，都要以作业规范为标准。

（2）操作理解的确认：要确认操作者是否已正确理解了操作方法。

（3）根据作业规范进行作业：任何时候请以作业规范为基准进行操作，但有本部门上级口头说明立即改变操作内容的情况除外。

12. 教育训练

（1）教育训练的制定：教育训练要与实际操作按同等的计划进行，实施教育训练必须注意以下情形：

——新入厂/新上岗教育培训，由中心与用人单位统一安排。

——工艺变更或对工位替代人员的教育，需经专人进行培训合格后方可上岗操作。

——新产品投入情形下，由参加新产品试制的工艺、质量人员负责教育。

（2）训练评估：在进行实际操作前要先进行训练评估，评估合格后才能上岗。

13. 作业规范

（1）口头指示中的禁止：仅凭口头指示不能改变作业规范，须有书面指示。

（2）作业规范的变更：若变更作业，作业规范也应一起变动。

（3）作业变更的承认：生产过程中如果要变更工艺操作规范，须按工艺规范的相关规定执行。

（4）协助他人作业的确认：操作者协助他人工作时应按其作业规范确认工作。

（5）作业规范的更换：追加、修订、修正作业规范的原件时，操作者使用的复印件应立即更换。

（6）作业规范的维持管理：设计变更涉及作业变更时，要确认作业规范是否变更。作业规范应有受控章，使用有承认印的作业规范。

14. 作业工序

（1）安全通道。作业台等的设置应该每个工序都设有一个安全通道，安全通道不准堆放物品。

（2）工序标志。以下各项标识必须揭示：

——作业工序。

——安全规则决定的揭示物。

——静电对策指定工序。

（3）零部件标识。通过目视管理来明确区分各种零部件规格或生产状态。

（4）禁止将保证安装质量的措施终止。计划变更中要改变工序设置时，误操作防止措施、保证安装质量的措施等不能轻易取消。

15. 设备、工夹具、计量器具。

（1）防止多余物。零件夹具、线夹、紧固螺栓等这类东西，注意不要与一般零部件混淆。

（2）工装夹具的数目管理。注意班前班后工装夹具的数目清点。

（3）开始使用夹具时的确认。开始使用新规格夹具时，先要充分确认其是否有副作用。

（4）使用校正后的仪器。请使用校正后的计测器具，未校正的计量器具禁用。

（5）检查、交换的明确化。对于夹具、工具、计量器具的检查、交换周期、必须有明确规定，按规定执行。

（6）特殊工具的使用。对于有危险或特殊要求的工具，应明确使用规范。

16. 搬运

（1）零部件的确认。零部件开箱或装箱时，要通过包装票或交接单确认实物是否正确。

（2）材料、零部件的处理。因接触、碰撞、摩擦而易于损伤的材料、零部件不得重叠安放。损伤现象如下：伤痕、弯曲、凹陷、缺口、折段、脱落、遗漏、残破、污损等。

（3）禁止撞碰。把材料、零部件从交货容器中移入另外的容器时，注意不要因撞碰而导致材料、零部件外观和机能的损坏。

（4）禁止转移。对于由于移动位置而容易损伤的部件，应在指定的位置堆放，不得转移到其他位置。

（5）搬运安全。搬运过程中应注意人身安全。

17. 生产切换

（1）生产确认。对产品生产的切换，一定要确认其安装用的零部件及操作方法是否正确。

（2）品种的标识。在切换的产品正面，明确标识切换的品种、工艺要求及生产数量。

（3）残余零件处理。残余零件的处理应遵循相关规定，及时退库或处置。

18. 相似零件

相似零件的区分。尽可能不要把相似零件混放，否则应作明显区分。

19. 信息

（1）信息的通知。操作、零件更换的情况必须使替代者、负责人、班长、主管等所有在职人员都知道。

（2）严禁接受口头指示。从其他部门传来的有关工作变化的指示，如是口头传达，则严禁接受。必须是书面指示。

（3）生产原始记录。必须按照工艺规程正确记录原始数据。

（三）公司上班的素养

1. 上班

- 注意仪容、着装；
- 遇见他人明朗，甜美，愉快的打招呼；
- 提前进入工作现场或办公室，准备好投入工作；
- 晨会："早上好……请多关照！"

2. 下班

- 整理台面及工作场地周边。
- 夕会：大家说"辛苦了！再见"。
- 其他人还在工作时，问一下"是否需要帮忙？"对方答"否"时，不要默不作声走开，要认真说"辛苦了。我先走了。"

3. 礼貌用语

"请""对不起""谢谢""您好""麻烦您"等多用。

4. 电话应答

（1）接听。

• 电话铃响最迟在三声内，拿起话筒："早上好/您好，营销部（××车间）……"，如是直线电话（未经过总台）接听："早上好/您好，……"（问候并自报所属单位/部门）。

• 对方所找人不在时："请问您贵姓？我可以转达吗？或请您留下您的电话号码……"。

• 原则上等对方先挂下电话。

（2）打出。

• 确认电话号码正确后，拿起话筒："早上好/您好，我是××公司的×××，麻烦您找一下×× 小姐/先生"。

• 电话讲完后，要向对方表示感谢，并说声"再见"。

5. 自我介绍

进入某单位或某部门后，要适时、大方、得体的自我介绍："您好/大家好，我是……，新来的，请大家多多关照"。

6. 着装

平时着装大方、得体，不穿休闲服（周末除外）

7. 会面

• 早上进厂，要互问"早""早上好"。

• 下午和晚上进厂，要互道"您好"。

• 下班回家时，要互道"再见"。

8. 同事关系

• 同事间有意见，可报告上级协调，不可争吵。

• 上级前来洽事，要从座位中起立，以示尊敬。

• 要主动帮助资历较浅的同事。

（四）接洽公务的素养

（1）握手。

• 注意握手顺序，男女之间，女方先伸手；宾主之间，主人先伸手；长幼之间，长辈先伸手；上下级之间，上级先伸手；若又是宾主之间，下级作为主人应先伸手以示欢迎。

• 握手方式，右手自然伸直，五指稍用力握两三秒为宜，男女之间，只握一下女士手指部分，不宜太紧太久。双目注视对方，面带微笑，不可东张西望或

续表

低头望地或目光斜视。

（2）接听公务电话要先说明自我的单位。

（3）进入其他部门办公室应先敲门。

（4）不可随意翻阅或窥视别人的文件。

（5）接洽公务要和对方说"请"和"谢谢"。

（6）借用公物，用完应立刻归还。

（7）须称呼上级时，要加头衔，如"×主任""×经理"，须称呼别人姓名时，要加"先生"或"小姐"，以示礼貌。

（五）出席会议的素养

（1）准时出席，不任意离席。

（2）发言遵守会议程序及规定，言简意赅。

（3）讨论时应尊重对方的意见，对事不对人，勿伤和气。

（4）会议进行时，勿私自交头接耳或高声谈话，影响会议进行。

（5）会议中应将呼机、手机关机或转至振动状态，以免干扰会议。

（6）穿适宜的服装出席会议。

（7）会议结束时退场，应让上级领导、客人先离开会场。

（8）离开座位时，座椅应归位。

（六）公共场所的素养

（1）在公共场所不可高声喧哗。

（2）公共场所设置之坐椅，不可躺卧。

（3）要维护公共场所的设施和清洁。

（4）误犯公共场所的规定，要说"对不起"。

（5）在公共场所得到别人的帮助，要说"谢谢"。

（七）日常生活中的素养

（1）寻求别人帮助和与人办事首先要说"请""拜托"。

（2）接受别人帮忙、服务时，要说"谢谢""让您费心了"。

（3）影响、打扰别人时，要说"抱歉""对不起""打扰您了"。

（4）和别人谈话的时候，要面有笑容。

（5）电话找人，通话时要说"请"，如拨错电话要说"对不起"，对转达留言的人要说"谢谢"。

（6）天热时，不可光着臂膀。

（7）上下公车遵守秩序，不要拥挤，遇长者、孕妇、病人等，应让其先行。

（8）主动让位于有需要之人士。

（9）搭乘公车时不可高声谈笑和抽烟。

（八）家庭生活的素养

（1）早起向父母尊长说"早"。
（2）出门时告诉家人到哪里，免得他们担心。
（3）回家时要先问候父母尊长。
（4）客人造访时要敬茶并亲切问好。
（5）家人要和睦，如有意见要体谅对方，避免争吵。
（6）获得礼物时要说"谢谢"。

（九）聚餐饮宴的素养

（1）赴宴时衣着要整齐。
（2）入席时请长者坐上位。
（3）进餐时讲话不要太大声。
（4）宴会时不可酗酒失礼。
（5）嚼食物时，不大发响声。
（6）尊重服务人员，不可大声责斥。
（7）散席时要对主人说"谢谢"。

（十）医院探病的素养

（1）按照医院规定之探病时间，前往探望病人。
（2）探病时间宜短，勿逗留过久，影响病人休息。
（3）在病房中交谈应控制音量，以免扰人。
（4）在医院内应遵守有关规定，勿抽烟、大声喧哗。

五、员工素养活动月的推行要领

1. 管理人员率先倡导示范，言传身教，身体力行。
2. 透过活动举办，掀起全员学以致用的高潮。

六、员工素养活动月的推行方法

1. 各部门利用聚会（最好能利用晨会、夕会）向全体员工宣导解说，并要求员工身体力行。
2. 通过各部门宣传机构加以宣导。
3. 举办板报、漫画、知识测验、评选等活动。
4. 按《员工素养活动手册》开展全员教育。
5. 全面推行晨会制度，引入礼貌用语。
6. 树立"7S样板岗"，争做现场管理高标准的榜样。

7. 单位领导带领党团员开展"从我做起,随手清洁"活动。(现场带头拾垃圾活动)

8. 从领导开始,见面互相问候。

7.4 | 加强员工教育培训

公司应向每一位员工灌输遵守规章制度、工作纪律的意识,此外,还要创造一个具有良好风气的工作场所。绝大多数员工对以上要求付诸行动的话,个别员工和新员工就会抛弃坏的习惯,转而向好的方面发展。此过程有助于员工养成制定和遵守规章制度的习惯,改变员工的只理会自己、不用理会集体和他人的潜意识,培养对公司、部门及同事的热情和责任感。

培训可分岗前培训和在岗培训。

7.4.1 岗前培训

岗前培训就是上岗之前的培训。岗前培训是素养的第一个阶段,从新员工入厂的那一天起就应该开始,不论是技术人员、管理人员,还是作业人员都必须接受培训。它包括以下几个方面的内容,如图7-2所示。

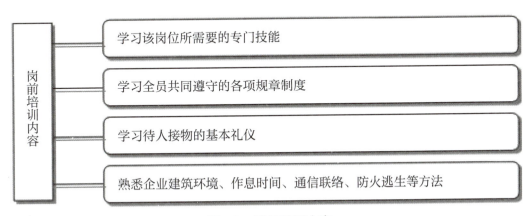

图7-2 岗前培训内容

7.4.2 在岗培训

在岗培训是指为了提高员工的工作技能，在员工完成工作的同时，接受各种有针对性的培训活动。

在岗培训是将员工素养提高到更高一个层次的重要手段，但不能限制在作业技能的提高上。不同岗位的在岗培训其侧重点各不相同，常见的在岗培训方法有以下几个，如图7-3所示。

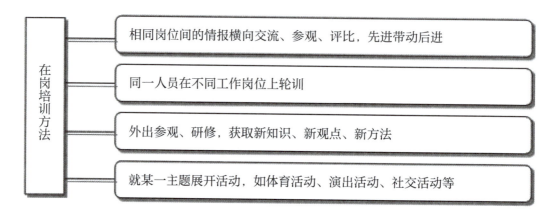

图7-3　在岗培训方法

7.5 开展各种提升的活动

7.5.1 早会

早会是一个非常好的提升员工文明礼貌素养的平台。企业应建立早会制度，这样有利于培养团队精神，使员工保持良好的精神面貌。

早会原则上应于每天正常上班前10分钟开始，一般控制在5～10分钟。早会宜做以下规定。

（1）参加早会人员应准时参加。

（2）早会人员应服装整洁，正确佩戴厂牌，如图7-4所示。

（3）精神饱满，整齐列队。

（4）指定早会主持人员或以轮值主持的方式进行。

（5）早会主持人针对工作计划、工作效率、品质、工作中应注意的内容、公司推行事项等作简要的传达和交流。

> 某企业的早会就在车间里开。

图7-4　某企业早会现场

对于早会，要以制度的形式规范下来：

范本　每日早会管理制度

每日早会管理制度

一、早会的目的

为提高员工的素质，加强规范化科学管理，追求"每天一总结，每天一反省，每天一进步"的精益敬业工作境界，促进"日事日毕，日清日结"落实执行，提高工作效率，决定在全公司推行早会制度。

二、早会时间

每周一早晨上班前15分钟为早会时间，休息、节假日除外。

三、早会地点

本公司生产车间门口。

四、早会的组织

生产部经理带领车间班组长轮流主持开会。

五、早会内容及程序

（1）主持人先召集人员列队集合，整队后问候大家"早上好！"，与会人员回敬"好，很好，非常好"。

（2）总结评点上一周生产、工作情况。

① 表扬生产工作好的方面。

② 报告上一周生产（工作）任务和质量效率情况。

③ 点出存在的不足的地方、强调需要大家注意和改进的具体方面。

（3）安排本周的工作和生产：对生产品种及质量技术要求作出精细安排和说明，将任务细化、责任到人，提出严细的工作纪律和生产要求。

（4）进行思想与厂规教育；让员工分享工作经验、体会与感悟。

（5）进行简要的技术培训，如现场管理、安全生产、品质等。

（6）贯彻公司上级其他指示。

六、要求与处罚

（1）主持人严肃认真，一丝不苟，不能走过场。

（2）对迟到、无故缺席早会者，罚款 5～10 元；对早会主持者不认真组织、走过场、图形式的给予处罚 50 元。

7.5.2 征文比赛

开展7S活动征文比赛，可加深广大员工对7S活动的进一步理解和认识，使每位员工分享7S活动所带来的成就感，从而有利于活动更持久有效地开展。以下是一份征文安排，供参考。

范本　关于开展7S征文大赛的通知

关于开展7S征文大赛的通知

全体同事：

为了进一步宣传 7S 理念，推进企业 7S 认证制度，加强企业 7S 管理，提高员工综合素质，使大家对 7S 有更加全面、深刻的认识，经研究决定在全公司范围内开展一次 7S 征文活动。

一、征文主题

以"我与7S"为主题，可叙述 7S 活动中的感人事迹，可畅谈推进 7S 的感受，可阐述对 7S 理念的新认识，对推进 7S 活动的好建议等。文体不限，题目自拟，字数在1500左右（诗歌在 30～50 行）。打印稿用 16K 或 A4 纸，书写稿用 16K 稿纸。在题目下方正中署明部门、班组、姓名（必须手写）。

二、奖项设置

设一、二、三等奖各 1～2 名、3～5 名、5～8 名。

三、投稿办法

作品直接送7S推进委员会。

四、投稿截止时间

××月××日

××××年××月××日

7.5.3　7S知识竞赛活动

开展7S管理知识竞赛活动，目的是在全公司范围内强化宣传、普及7S管理知识，营造良好的7S推进氛围，为员工提供一个直接参与和展示学习成果的机会，交流学习7S管理推进的先进经验，强化7S管理意识，深化全体员工对7S管理内涵的理解。

对该活动的开展要有组织地进行，在开展之前须制定活动方案。

范本　"7S"知识竞赛活动方案

"7S"知识竞赛活动方案

公司总部、内饰件事业部、美系事业部：

为营造全员参与7S活动的良好氛围，提高员工的参与程度和意识，培养员工的良好习惯，逐步营造一目了然、高效率的管理环境，经公司研究决定，举办首届7S知识竞赛，现将知识竞赛活动方案公布如下。

一、时间安排

拟定于8月举行。

二、队员组成

总部及各事业部各组2个代表队参加，每队由3人组成。

三、比赛规则

1. 由各队领队抽签决定分组。

2. 竞赛题型包括必答题、抢答题和风险题三种。

3. 必答题包括参赛队"指定必答"和"共同必答"两种，答题时间30秒。"指定必答"由各参赛队的每名选手按座次依次回答，每轮每队的每名队员独立回答一题，其他队员不得补充或帮助，共进行1轮。每题的分值为10分，答对加10分，答错或不能回答的不得分。"共同必答"由每个代表队依次选题回答，每题的分值为10分，答对加10分，答错或不能回答的不得分。

4. 抢答题共24题，每轮8题，由主持人读完题并说"开始"后，参赛队员方可按抢答器进行抢答，答题时间不得超过30秒，答对一题加10分，答错或超时，每题扣10分，主持人未读完题或未说"开始"就按抢答器的，扣10分，且该题作废。

5. 风险题由各队自行选择答题分值，答题时间为1分钟（也可放弃答题）。答题顺序按当时得分由高到低顺序排列（如出现同分，按抽签顺序排列）。题目分值与难度对应，分别为10分、20分和30分，由任意一名队员回答，其他队员可以在规定的时间内予以补充。答对加相应的分值，在规定时间内答题内容不完整、答错题或不能回答倒扣所选题目相应的分值。放弃答题不扣分。

6. 竞赛中如有名次并列且影响到决定胜出队的情况时，将对名次并列的队采取加赛抢答题的方式决出名次。加赛中先得分者胜出，答错者直接出局，加赛题目分值为10分。

7. 本次竞赛每支队伍基础分为100分，由主持人当场判定加分或减分。主持人不能确认参赛选手回答是否正确时，请评委会现场裁定。评委会的现场裁定为最终裁定。

8. 为了扩大参与面，调动现场气氛，穿插观众有奖竞答，分两轮，共十二题，答对题的观众可获得纪念品。

四、要求

1. 总部、内饰件事业部、美系事业部代表队人员名单请于8月5日前总经办。
2. 每个代表队上场三名选手，要求统一着厂服，参赛选手在竞赛中途不得随意退场。
3. 各参赛队按抽签确定的上场次序依次入座，并由主持人向观众介绍。
4. 参赛选手要集中注意力听主持人读题，如主持人读题不清楚，选手可以要求复读一遍（竞答题除外）。参赛队员答题时必须口齿清楚，讲普通话，声音响亮，以便主持人和评委评判。
5. 允许商议时，由参赛选手在台上讨论决定，其他人员不得在台下指挥。
6. 比赛不得作弊。凡发现参赛队员在赛台出现翻阅资料等舞弊行为时，每出现一次倒扣20分。

五、奖项设置

一等奖一名，二等奖两名，优秀奖三名。

六、组织领导

活动由总经办组织，总部制造部、内饰件厂务科、美系总经办协助举办。

7.5.4　7S之星评选活动

7S之星的评选活动可以在全公司范围内举行，从而起到工厂的点宣传与公司的面宣传，达到点面结合的宣传效果，给人思想上的一种鼓动和行为上的一种促动，同时达到心理强化。

范本　"7S之星"评选方案

"7S 之星"评选方案

1. 目的

营造氛围为更好的推行 7S 管理体系，巩固以前 7S 推行的工作成果，并进一步维护公司的形象，特拟订此评选活动方案。

2. 职能

2.1 主任委员：审批、监督、确认实施细则及审核修改等。

2.2 各分厂厂长及车间管理：车间管理负责向员工宣导此标准及配合标准实施，厂长负责监督各管理的宣导工作。

2.3 推行干事：对评比结果统计、组织委员会讨论审核、组织颁奖事项。

2.4 各委员：在检查中要做到公平、公正、公开，记录要具体详细。负责对评比结果进行民意调查并提出意见评选结果的宣传：

（1）工厂周例会上公布表彰获得者名单。

（2）工厂每个管理看板进行通报表扬，并适当给予物质奖励。

（3）公司报上进行公布名单及事迹。

3. 评选对象

工厂全体员工

4. 评选期限及名额

每月一次、总名额 14 名（管理 8 名、员工 6 名）

5. 评比程序

5.1 召开该标准实施的动员大会。

5.2 7S 委员每周两次定期检查，推行干事对结果进行整理。

5.3 车间主任每月 19 日把推荐的员工报到推行干事处，逾期不候。

5.4 每月推行委员会人员将不定时下到车间调查了解情况。

5.5 推行干事根据调查实情及一个月的总体情况来进行整理工作并完成诊断名额、上报和公布等事项。

5.6 在周例会上进行颁奖（证书、奖品等）。

5.7 对评选结果进行档案管理工作。

6. 评选标准草案

6.1 能模范遵守公司的各项规章制度，服从上级领导指挥、团队意识强。

6.2 所属部门（车间、班组）成员无受到工厂任何处分。

6.3 评选时分三块进行，具体是生产车间为第一块；仓库、调油室、刀模室、晒丝棚、两个打样室为第二块；办公室为第三块。

6.4 各块名额以第一块为 10 名（其中管理和员工各 5 名），第二块为 2 名（其中管理和员工各 1 名），第三块为 2 名（其中管理和员工各 1 名）。

6.5 车间整月的平均分排在前六名且月平均分不低于 95 分，坚持宁缺毋滥原则。

6.6 能悉心听取 7S 委员对现场的整改意见。

6.7 能履行好 7S 推行委员会的决议。

6.8 车间员工参与评选时以每个车间管理推荐（1～2 名）的同时 7S 委员会要对被推荐者进行民意调查并加以考核确认。

6.9 对 7S 工作提出建设性意见的。

6.10 积极配合 7S 检查工作，没有重复不良项。

6.11 7S 培训学习认真，考试优秀者。

6.12 对于 7S 月平均分没有达到前六名的车间，各车间主任也可推荐（1～2 名）在车间里对 7S 工作表现突出的员工参加 7S 之星评选，但车间管理不能参加。7S 推行委员会将酌情从中挑选出额外 3 名以上。

7S 推行委员会

年　月　日

Chapter 8

安全（SAFETY）的实施

8.1 建立安全生产管理信息系统

8.1.1 建设目标

（1）体现"过程管理""系统管理"理念和PDCA循环管理思想，涵盖安全管理的所有要素和业务流程。

（2）以岗位达标为主线，明确岗位职责，以绩效考核为手段，强化内部管理，严格责任的履行。

（3）构建监督检查体系，规范安全检查方案，提高安全检查的质量和效率，有效防范安全风险。

（4）充分发挥信息技术优势，做到"安全职责明确化、基础数据标准化、监督检查有效化、现场管控智能化、考核评价自动化、监督管控全程化、工作改进持续化、文化建设常态化"。

（5）实现安全管理工作的"痕迹化、常态化、网格化、便捷化、精细化、有效化"，促进安全管理上水平。

8.1.2 建设任务

整个系统体现出"标准化、信息化、安全文化"三化的有机融合。安全生产管理信息系统的建设任务如图8-1所示。

图8-1 安全生产管理信息系统的建设任务

8.1.3 系统的功能架构

系统的功能架构如图8-2所示。

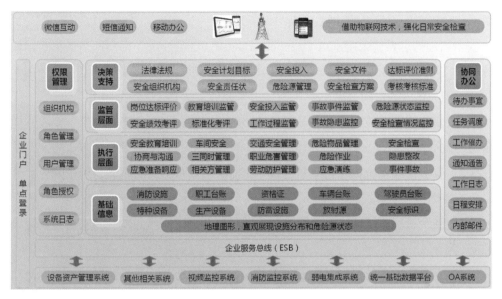

图8-2 系统的功能架构

8.1.4 系统接口

系统的接口如图8-3所示。

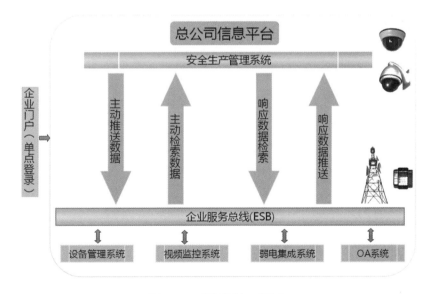

图8-3 系统的接口图示

安全生产管理平台是信息化系统中的一个重要组成部分。安全生产管理系统通过企业门户实现单点登录。并需要从设备管理系统、人力资源管理系统、统一基础数据系统抽取相应的基础数据；同时，与OA系统进行对接实现业务流程的传递和处理；与短信平台对接实现短信提醒功能。

安全管理信息系统采用SOA（service-oriented architecture，面向服务的体系结构）设计思想，采用WebService技术对数据和功能进行封装。通过企业服务总线（ESB）实现与其他相关系统的双向数据交换。

（1）安全管理系统在企业服务总线（ESB）中发布相应的服务，用于接收其他应用系统的数据推送请求。

（2）安全管理系统在企业服务总线（ESB）中发布相应的服务，用于响应其他应用系统的数据检索请求。

（3）安全管理系统通过企业服务总线（ESB），访问其他系统的服务来获取相应的数据。

（4）安全管理系统通过企业服务总线（ESB），访问其他系统的服务，向其他应用系统推送数据。

8.1.5　安全管理系统的功能模块

安全管理系统的功能模块如图8-4所示。

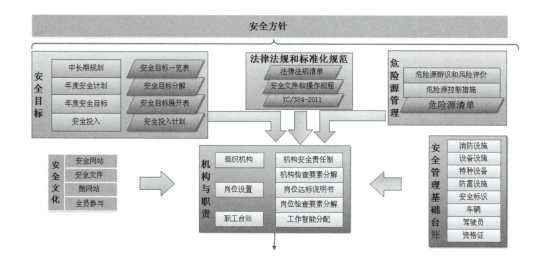

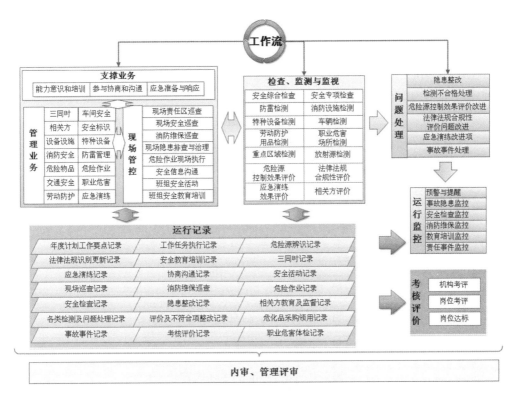

图8-4 安全管理系统的功能模块

8.1.6 安全管理系统的设计要点

8.1.6.1 体系策划

体系策划主要是指安全方针指导下依据法律法规和公司的《基础管理规范》，制定安全管理办法和程序文件，以及各类操作规程，建立安全管理体系。在此基础上落实岗位责任制，形成岗位标准；编制各层级安全检查方案，建立安全检查监督体系；制定业务工作流程，进而转化为信息系统的工作流，驱动安全管理工作的开展。

（1）明确岗位职责，强化责任落实。明确岗位职责，强化责任落实的流程如图8-5所示。

依照"一岗双责"的要求，和"谁主管、谁负责"的原则，健全安全生产责任制。

首先，依据《基础管理规范》梳理出安全工作要求，落实到相关岗位，形成岗位的安全工作职责；依据《安全技术和现场规范》梳理出各类设备设施的检查要素，并将设备设施按照责任区划分到现场作业岗位，明确现场管控责任；根据实际情况，明确各个工作岗位需要掌握的"基本安全概念、安全管理技能、安全生产知识、安全生产技能、安全应急处置"等应知应会知识；依据《安全生产标准化规范考评检查标准》，明确各项工作要求的考评准则，最终形成各岗位的《标准化达标手册》，使得每个人都清楚知道"自己应该做什么，何时做，怎么做，做到什么程度"，做到"岗位有职责、作业有程序、操作有标准、考核有准则"。

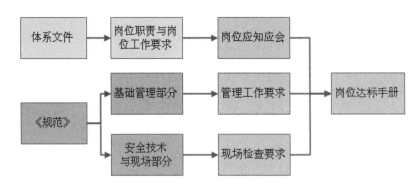

图8-5　明确岗位职责，强化责任落实的流程

岗位标准的主要内容如表8-1所示。

表8-1　岗位标准的主要内容

部门名称		岗位名称	
任职要求			
基本要求	列出本岗位的基本任职要求。例如：年龄、学历、技能等方面的要求		
任职资格	列出本岗位应取得的资格证，可以多选，多个资格证之间用分号分割		
培训要求	列出本岗位需要接受的培训内容、培训周期、培训次数、培训课时等要求		
岗位职责			
描述本岗位的安全工作职责（对操作岗列出安全自查要求和内容）			
职业健康			
监护分类	体检周期【月】	职业禁忌证	
劳动防护			
劳动防护用品		发放周期【月】	发放数量

续表

应知应会		
序号	知识分类	应知应会内容
		主要包括：基本安全概念、安全管理技能、安全生产知识（岗位安全知识）、安全生产技能（岗位安全技能）、安全应急处置

主要危险源	
序号	危险源	控制措施
		从危险源的控制措施中落实的相关岗位关联过来

安全基础管理		
管理工作分类	要素编号	管理工作要求
《安标考评检查标准》的一级分类	《安标考评检查标准》中的要素编号	从《安标考评检查标准》中梳理出来的安全工作职能和工作要求，可以明确的对应到《安标考评检查标准》的条款内容上，主要包括：资料管理、日常管理、监督管理。主要针对安全管理岗位

现场安全管理		
管理工作分类	要素编号	现场管理工作要求
《安标考评检查标准》的一级分类	《安标考评检查标准》中的要素编号	从《安标考评检查标准》中梳理出来的安全工作职能和工作要求，可以明确的对应到《安标考评检查标准》的条款内容上，主要包括：设备设施和作业环境管理、作业活动管理、相关方现场管理。主要针对现场安全管理岗位

行为规范	
行为规范编号	行为规范内容
	列出本岗位相关的作业活动禁止性要求。对应《安标考评检查标准》中梳理出来的安全行为要求，主要包括：通用安全行为要求、安全作业要求、劳动防护用品使用要求

续表

现场管控		
设施类型	管控要素内容	设施及数量
	直接从《安标考评检查标准》中梳理出的检查项选择而来。主要包括：设备设施使用保养、辅助设施及工器具使用保养、应急设施使用保养、定置管理、安全标识、环境卫生	

其他要求
结合专业及岗位的特点，提出的岗位安全生产其他要求

（2）明确检查主体，构建监督检查体系。首先，企业应梳理出规范化的安全检查要素，然后，依照"谁主管、谁负责"的原则，明确各项检查要素的检查主体和监督主体，构建"责任清晰、分工明确、监管到位"的检查监督体系。强化基层（车间、部门）的检查主体地位，加强自查体系建设；强化日常安全巡查的基础作用；突出专项检查的技术优势；发挥综合检查的监督作用。明确检查主体，构建监督检查体系如表8-2所示。

表8-2　明确检查主体，构建监督检查体系

分类	措施	检查措施		监督措施	
		负责人	周期	负责人	周期
人的不安全行为		班组长	每天	生产主任	每月
物的不安全状态	消防设施	安全员	每月	安全主任	每月
	安全联锁	电气员	每周	设备主任	每月
	电器设备	电气员	每月	设备主任	每月
	生产设备	设备员	每月	设备主任	每月
管理上缺失		安保部	半年	中烟	半年
环境因素不良		安保部	一年	中烟	一年

（3）规范安全检查，加强风险管控。规范安全检查，加强风险管控也就是构建出多层级、多类型、多频度的各种安全检查方案。明确检查岗位、检查周期、检查对象、检查要素，实现全方位的风险管控，如图8-6所示。

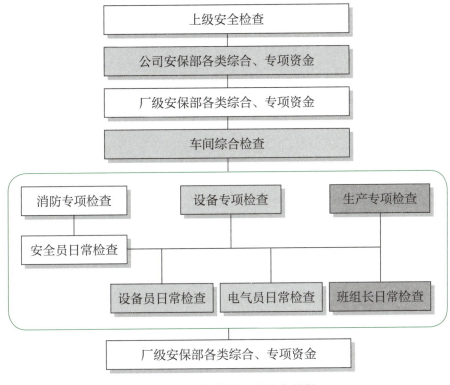

图8-6　全方位的安全检查管控

（4）规划业务流程，驱动体系执行。企业应根据实际情况重新梳理业务工作流程，并将业务流程转化为系统工作流模型，用工作流来驱动各项安全工作的执行，每项工作都形成详细的工作记录，实现"工作有状态、任务有提醒、超期有警告"，方便安全工作的执行和监管。

8.1.6.2　制定安全目标

制定安全目标的程序如图8-7所示。

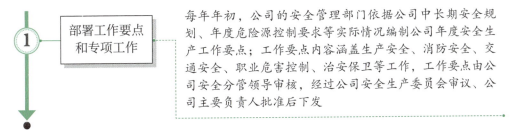

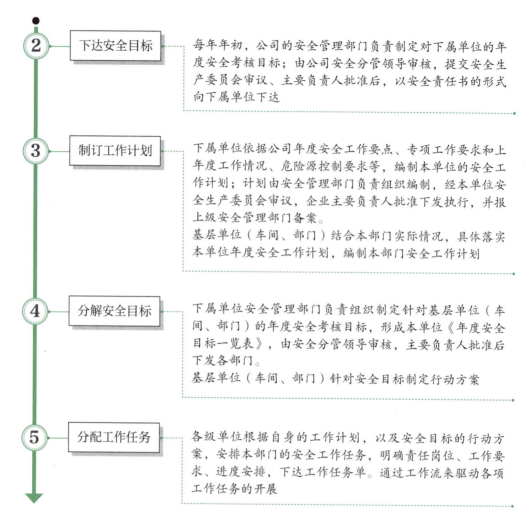

图8-7　制定安全目标的程序

8.1.6.3　基础台账

系统应有翔实的安全管理台账来支撑企业的各项安全管理工作。安全管理基础台账包括：特种设备、消防设施、设备设施、车辆台账、驾驶员、资格证人员、职业健康监护人员、安全标识等。

8.1.6.4　支撑业务

支撑业务会体现在安全管理工作的各个方面，是安全管理工作顺利开展的支撑和保障。包括：能力意识和培训、参与协商和沟通、应急准备与响应、安全文化建设等模块，具体内容如表8-3所示。

表8-3 支撑业务的模块及功能要求

序号	功能模块	功能要求
1	加强教育培训、提升员工素质	（1）加强资格证管理，提前进行复训提醒 （2）制订培训计划，加强持证上岗人员培训、相关方培训、单位负责人培训 （3）建立三级教育档案，提供完善的培训记录 （4）提供未达到培训课时要求的预警与提醒
2	建立沟通机制、营造参与氛围	（1）建立由员工代表参与的安全事务协商沟通机制，详细记录沟通结果 （2）通过电话、书面报告、短信、微信等多种渠道，收集职工提出的意见、建议、隐患、报怨、投诉等各种信息 （3）对职工提出的问题进行及时处理和反馈，营造全员参与安全管理的氛围
3	重视应急演练、修订应急预案	（1）编制详细的应急预案 （2）制定应急演练计划和方案 （3）按计划开展应急培训，组织应急演练 （4）总结、评价演练情况，及时修订应急预案
4	建设安全文化、增强安全意识	（1）建设安全文化网站；搭建与职工的微信互动渠道。建立全员参与、学习、交流、经验共享的平台 （2）宣传企业文化，传播安全知识，弘扬安全文化，增强职工的安全意识，强化自我管理，支持安全文化落地生根

8.1.6.5 管理业务

管理业务主要是指管理部门和管理人员开展的专业安全管理工作。包括：三同时、相关方管理、交通安全、危险物品管理、职业健康监护等。企业应将各项安全责任分配给相关岗位，由相关岗位按要求完成相应的安全管理工作。对于有时间周期性的任务，由系统定时启动周期性工作任务，并通过待办事宜来驱动各项任务的执行。

8.1.6.6 现场管控

现场管控主要是指生产现场班组和作业岗位开展的日常安全管理工作。主要安全工作包括：作业岗位对自己责任区进行的现场检查；现场管理岗位依据安全检查方案对辖区进行的日常安全巡查；危险作业的现场执行；现场隐患的排查和治理、消防维保检查等。

（1）利用手持终端，提高检查质量。员工可借助物联网技术，利用手持终端进行现场安全检查。

在检查区域应张贴电子标签。手持终端自动记录检查时间，如果发现问题，可以现场登记问题项，并提供拍照留痕功能，同时结合地理图形直观展现"已查、未查，及存在问题"的设施状态，如图8-8所示。

图8-8　利用手持终端检查图示

（2）基于地理图形，直观展现设施状态。检查人员通过系统中的地图可直观地展现设施的分布情况，实时反映设备设施的管控状态；及时提醒管理人员重点关注存在隐患的设备设施；同时，可方便检索出该设备设施的相关信息，包括设备设施的基本信息、检查要素、检查历史、存在的隐患信息、整改历史等。

（3）强化作业管理，防范作业风险。危险作业包括：动火作业、杀虫作业、高处作业、有限空间作业、临时用电、外方作业等。

企业对危险作业应严格执行"作业申请、作业审批、作业前交底、作业中监护和监督、作业后收尾"的管理过程，同时实现闭环管控，应采用移动终端、施工牌等先进的技术手段，确保监护监督到位，以有效防范作业现场的各类风险。危险作业管理过程如图8-9所示。采用移动终端办理申请事项如图8-10所示。

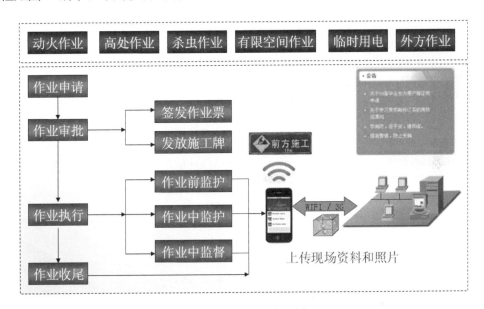

图8-9　危险作业管理过程

图8-10　采用移动终端办理申请事项

8.1.6.7 检查、监测与监视

此部分工作主要是指对各类安全管理工作的监督和评价，主要包括三个方面，如图8-11所示。

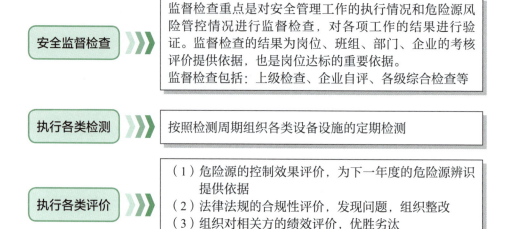

图8-11 各类安全管理工作的监督和评价

8.1.6.8 问题整改

针对检查、监测过程中发现的问题项和隐患进行整改。

（1）建立问题提报渠道，及时处理反馈。对通过各种渠道提报上来的问题项进行分拣处理：能够处理的及时处理，给出反馈意见；属于其他部门的问题项，及时转发；属于事故隐患的，下达隐患整改通知。问题项和隐患分拣流程如图8-12所示。

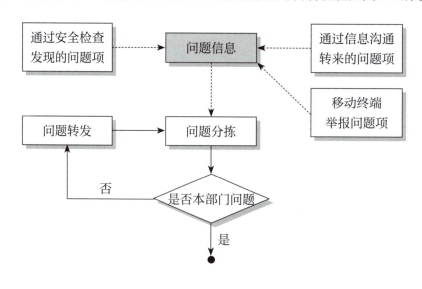

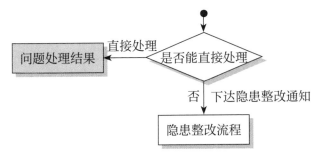

图8-12 问题项和隐患分拣流程

（2）加强隐患整改，实现闭环管控。企业应建设多渠道的隐患排除和上报机制，以工作流为驱动，实现对隐患"上报、整改、复查"的闭环管控，严格把控"整改措施、责任、资金、时限、预案"的落实情况，详细记录隐患整改的过程信息，实现整改前后的隐患现场图片对比，对隐患信息实现多维度的图形化统计分析，为危险源的控制效果评价提供依据。问题项和隐患整改流程如图8-13所示。

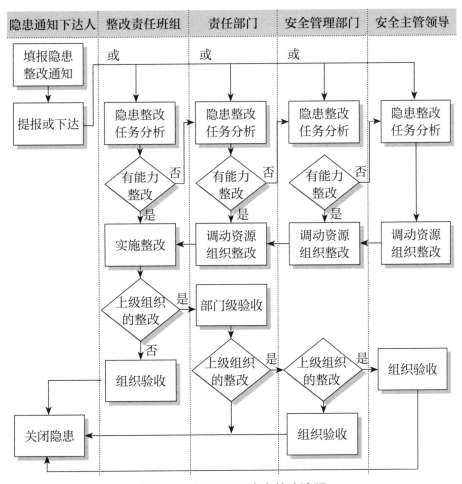

图8-13 问题项和隐患整改流程

8.1.6.9 运行记录

系统建立安全档案管理模块,可以灵活设定归档规则,自动将安全管理工作中产生的各类记录进行归档,形成安全档案,供相关人员进行查阅。

规范运行记录,加强记录管理,提升职业健康安全管理体系运行的有效性。

8.1.6.10 考核评价

依据运行记录,对安全管理工作和现场风险管控情况进行考评。评价要求主要包括以下两点。

(1)按照"层层负责、逐级监督、环环相扣"的原则,建立针对企业、车间(部门)、班组、岗位的逐级考评体系。

(2)依据企业的安全生产标准岗位达标规范对岗位进行达标考评。

8.1.6.11 运行监控

(1)在系统的首页上应显示出操作人员当前需要完成的任务,以及需要关注的安全信息。

(2)系统提供全方位的运行监控看板,实时反映安全动态,为安全管理工作监管和决策提供支持。

(3)使安全监督方式"从结果性监督,转换为过程性监督;从现场督查,转化为线上时时监管",可以随时追踪工作的进展情况和工作质量。做到"过程有记录、工作有监督、改进有保障",确保职责履行到位,提高工作的执行力。

8.1.6.12 体系评审

以工作记录为输入,每年进行一次管理评审,来评审安全管理体系的适宜性、有效性、充分性。企业针对管理评审中发现的问题应及时进行整改,优化安全管理体系,充分体现"PDCA循环"的管理思想,实现安全管理工作的持续改进。

8.2 安全(SAFETY)的执行要点

8.2.1 将安全责任落实到位

"安全生产,人人有责"这个口号在许多企业里喊得很响,标语也贴得满墙都是,但是执行起来却不彻底,当问题临到时,往往就找不到责任人。所以,在开展安全活动时,最重要的是将安全责任落实到位。具体可以采取召开宣誓大会的方式,召集所有的员工开会,尽量隆重些,企业的重要领导一定要到场,显得公司从上到下都非常重视这项工作。

宣誓大会要讲安全的重要性，要求员工从上到下都进行安全宣誓，同时要签下责任书。

下面是某企业各部安全责任书，供读者参考。

> **范本** **安全生产第一责任人任命书**

责 任 书

兹任命_____为_____厂_____部安全生产第一责任人。

签发人（总经理）：
公司盖章：
____年__月__日

_____部安全生产第一责任人职责：

1. 认真贯彻落实国家安全生产方针、政策，安全生产法律、法规，以及本公司的安全生产规章制度。

2. 实行"谁主管、谁负责"的原则，对本部门的安全生产工作全面负责。

3. 坚决履行本公司安全生产责任制，管生产必须管安全。

4. 对本部门（车间）进行危险源的识别与评价，确定重大危险源及其控制措施。

5. 按公司部署，组织制定本部门安全管理制度及安全技术操作规程和安全技术措施计划。

6. 贯彻"五同时"原则，即在计划、布置、检查、总结、评比生产工作的同时，计划、布置、检查、总结、评比安全工作。

7. 组织各项安全生产检查，及时消除安全隐患。

8. 组织制定并实施本部门（车间）的安全生产事故应急救援预案。

9. 组织实施对本部门（车间）的生产设备、安全装置、消防设施、灭火器材、防护器材和急救器具安全检查，确保器材完好有效，疏散通道和安全出口畅通，并教育员工加强维护正确使用。

10. 切实做好本部门员工安全上岗培训、工种转换培训，以及安全宣传工作。

11. 发生事故后积极组织人员进行抢救，防止事故扩大，并及时、如实向安委会主任报告。

12. 建立本部门安全小组，充分发挥车间和班组安全人员的作用；不违章指挥，不强令员工冒险作业。

13. 制定并努力达成本部门年度安全生产目标。

14. 积极配合公司安全生产委员会及安全办的安全管理工作。

15. 公司第一安全责任人委托的其他安全生产工作。

本人同意接受上述任命，坚决履行本部门第一安全责任人职责，切实抓好管好本部门的安全生产工作。

签名：

日期：＿＿＿年＿＿月＿＿日

范本 部门主管安全生产责任书

部门主管安全生产责任书

主管安全生产职责：

1. 认真贯彻落实国家安全生产方针、政策，安全生产法律、法规，以及本公司的安全生产规章制度。

2. 实行"谁主管、谁负责"的原则，对本部门或本车间的安全生产工作全面负责。

3. 参与制定本部门安全管理制度及安全技术操作规程和安全技术措施计划。

4. 实施各项安全生产检查，及时消除安全隐患。

5. 切实做好本部门员工车间级安全上岗培训、工种转换培训，以及安全宣传工作。

6. 发生事故立即报告，并指挥组织抢救，保护好现场，做好详细记录。

7. 搞好生产设备、安全装置、消防设施、防护器材和急救器具的检查维护工作，使其保持完好和正常运行，督促教育员工正确使用劳动保护用品。

8. 不违章指挥，不强令员工冒险作业。

9. 本部门第一安全责任人委托的其他安全工作。

我们承诺：坚决履行上述安全生产职责和义务，认真抓好本部门或本车间安全生产工作。

签发人（部门安全生产第一责任人）：_____

责任人签名：　　　　　　　　　日期：____年__月__日

序号	姓名	工号	职位	签名

> **范本** 领班、班组长安全生产责任书

领班、班组长安全生产责任书

领班、班组长安全生产职责：

1. 执行本公司和车间安全生产规定和要求，对本班组的安全生产全面负责。
2. 组织员工学习并贯彻执行公司、车间各项安全生产规章制度和安全技术操作规程，教育员工遵守法纪，制止违章行为。
3. 组织并加强安全活动，坚持班前讲安全、班中检查安全、班后总结安全。
4. 负责对新老员工进行岗位安全教育。
5. 负责班组安全检查，发现不安全因素及时组织力量消除，并报告上级。
6. 发生事故立即报告，并组织抢救，保护好现场，做好详细记录。
7. 搞好本班组生产设备、安全装置、消防设施、防护器材和急救器具的检查维护工作，使其保持完好和正常运行，督促教育员工正确使用劳动保护用品。
8. 不违章指挥，不强令员工冒险作业。
9. 本部门第一安全责任人委托的其他安全工作。

我们承诺：坚决履行上述安全生产职责和义务，认真抓好本班组安全生产工作。

签发人（部门安全生产第一责任人）：_____

责任人签名：　　　　　　　　　　日期：____年__月__日

序号	姓名	工号	职位	签名

> **范本**　_____部员工安全生产责任书

_____部员工安全生产责任书

员工安全生产职责：

1. 严格遵守公司各项安全管理制度和操作规程，不违章作业，不违反劳动纪律，对本岗位的安全生产负直接责任。
2. 认真学习和掌握本工种的安全操作规程及有关安全知识，努力提高安全技术。
3. 精心操作，严格执行工艺流程，做好各项记录，交接班必须交接安全情况。
4. 了解和掌握工作环境的危险源和危险因素，发现各种事故隐患时积极进行报告。
5. 发生事故，要正确处理，及时、如实地向上级报告，并保护现场。
6. 积极参加各种安全活动，发现异常情况及时处理和报告。
7. 正确操作，精心维护设备，保持作业环境整洁、有序。
8. 按规定着装上岗作业，正确使用各种防护器具。
9. 有权拒绝违章作业的命令，对他人违章作业予以劝阻和制止。

我们承诺：坚决履行上述安全生产职责和义务，认真做好本岗位的安全生产工作。

签发人（部门安全生产第一责任人）：_____

责任人签名：　　　　　　　　　　日期：____年__月__日

序号	姓名	工号	工种	签名	序号	姓名	工号	工种	签名
1					6				
2					7				
3					8				
4					9				
5					…				

8.2.2 安全教育要执行彻底

8.2.2.1 安全教育的目标

安全教育工作是企业安全管理的一项十分重要的内容，是一项经常性的基础工作，在企业安全管理中占有重要地位，其目标如下。

（1）提高企业员工的安全意识。

（2）帮助员工掌握安全知识和技术。

（3）实现全员安全管理。

安全教育展示如图8-14所示。

某企业设计了一个安全教育看板，将可能出现安全问题的流程、关键点都以图的形式贴出来。

将历史事故用图片的形式展示出来。

图8-14

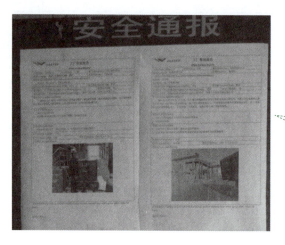

图8-14 安全教育展示

8.2.2.2 安全教育的体系

（1）新员工三级安全教育。新入厂的员工在进入工作岗位之前，必须由厂、车间、班组对其进行劳动保护和安全知识的初步教育，以减少和避免由于安全技术知识缺乏而造成的各种人身伤害事故。新员工三级安全教育如表8-4所示。

表8-4 新员工三级安全教育

级别	说明	教育内容	责任部门
厂级	对新员工或调动工作的员工以及临时工、合同工、培训及实习人员等在分配到车间和工作地点之前的初步安全教育	（1）安全生产的方针、政策法规和管理体制 （2）工厂的性质及其主要工艺过程 （3）本企业劳动安全卫生规章制度及状况、劳动纪律和有关事故的真实案例 （4）工厂内特别危险的地点和设备及其安全防护注意事项 （5）新员工的安全心理教育 （6）有关机械、电气、起重、运输等安全技术知识 （7）有关防火、防爆和工厂消防规程的知识 （8）有关防尘、防毒的注意事项 （9）安全防护装置和个人劳动防护用品的正确使用方法 （10）新员工的安全生产责任制等内容	由厂人力资源部门组织、安全部门进行

续表

级别	说明	教育内容	责任部门
车间	对新员工或调动工作的员工在分配到车间后，进行的第二级安全教育	（1）本车间的生产性质和主要工艺流程 （2）本车间预防工伤事故和职业病的主要措施 （3）本车间的危险部位及其应注意事项 （4）本车间安全生产的一般情况及其注意事项 （5）本车间的典型事故案例 （6）新员工的安全生产职责和遵章守纪的重要性	由车间主管安全的主任负责
班组（岗位）	对新到岗位工作的员工进行的上岗之前安全教育	（1）工段或班组的工作性质、工艺流程、安全生产的概况 （2）新员工将要从事岗位的生产性质、安全生产责任制、安全操作规程以及其他有关安全知识和各种安全防护、保险装置的使用 （3）工作地点的安全生产和文明生产的具体要求 （4）容易发生工伤事故的工作地点、操作步骤和典型事故案例介绍 （5）正确使用和保管个人防护用品 （6）发生事故以后的紧急救护和自救常识 （7）工厂、车间内常见的安全标志、安全色 （8）工段或班组的安全生产职责范围	由工段、班组长开展

（2）特种作业人员安全教育。特种作业，是指容易发生人员死亡事故，对操作者本人、他人及周围设施的安全有重大危害的作业。特种作业的内容如下所述。

◆电工作业。
◆金属焊接切割作业。
◆起重机械（含电梯）作业。
◆企业内机动车辆驾驶。
◆登高架设作业。
◆锅炉作业（含水质化验）。
◆压力容器操作。
◆制冷作业。
◆爆破作业。
◆矿山通风作业（含瓦斯检验）。
◆矿山排水作业（含尾矿坝作业）。

◆由省市、自治区、直辖市安全生产综合管理部门或国务院作业主管部门提出，并经国家经济贸易委员会批准的其他作业。

（3）"四新"和变换工种教育。"四新"和变换工种教育，是指采用新工艺、新材料、新设备、新产品时或员工调换工种时（因为产品调整、工艺更新，必然会有岗位、工种的改变），进行新操作方法和新工作岗位的安全教育。"四新"安全教育由技术部门负责进行，其内容主要有以下几点。

①新工艺、新产品、新设备、新材料的特点和使用方法。

②投产使用后可能导致的新的危害因素及其防护方法。

③新产品、新设备的安全防护装置的特点和使用方法。

④新制定的安全管理制度及安全操作规程的内容和要求。

"四新"和变换工种人员教育后要进行考试，合格后，要填写"'四新'和变换工种人员安全教育登记表"。

（4）复工教育。复工教育是指职工离岗三个月以上的（包括三个月）和工伤后上岗前的安全教育。教育内容及方法和车间、班组教育相同。复工教育后要填写《复工安全教育登记表》。

（5）复训教育。复训教育的对象是特种作业人员。由于特种作业人员不同于其他一般工种，它在生产活动中担负着特殊的任务，危险性较大，容易发生重大事故。一旦发生事故，对整个企业的生产就会产生较大的影响，因此必须进行专门的复训训练。按国家规定，每隔两年要进行一次复训，由设备、教育部门编制计划，聘请教员上课。企业应建立《特种作业人员复训教育卡》。

（6）全员安全教育。全员教育实际上就是每年对全厂职工进行安全生产的再教育。许多人伤事故表明，生产工人在安全教育隔了一段较长时间后对安全生产意识会逐渐淡薄，因此，必须通过全员复训教育提高职工的安全意识。

企业全员安全教育由安技部门组织，车间、科室配合，可采用安全报告会、演讲会方式；班组安全日常活动如职工讨论、学习方式；由安技部门统一时间、学习材料，车间、科室组织学习考试的方式。考试后要填写《全员安全教育卡》。

（7）企业日常性教育。企业经常性安全教育，如定期的班组安全学习、工作检查、工作交接制等教育；不定期的事故分析会、事故现场说教、典型经验宣传教育等；企业应用广播、闭路电视、墙报等工具进行的安全宣传教育。

(8) 其他教育

①季节教育。结合不同季节中安全生产的特点，开展有针对性、灵活多样的超前思想教育。

②节日教育。节日教育就是在各种节假日的前后组织的有针对性的安全教育。国内的各种统计表明，节假日前后是各种责任事故的高发时期，甚至可达平时的几倍，其主要原因是因为节假日前后职工的情绪波动大。

③检修前的安全教育。许多行业的生产装置都要定期检修，大、小检修。检修安全工作非常关键。因为检修时，任务紧、人员多、人员杂、交叉作业多、检修项目多。所以要把住检修前的安全教育关，教育的内容包括动火、监火管理制度，设备进入制，各种防护用品的穿戴，检修十大禁令，进入检修现场的五个必须遵守等。除此，检修人员、管理人员都要做到有安排、有计划、分工合理、项目清。

8.2.2.3 安全教育的跟踪与管理

可以运用一些表格来进行跟踪与管理。

（1）新进人员三级安全教育卡，如表8-5所示。

表8-5 新进人员三级安全教育卡

新进人员三级安全教育卡				代号	
				编号	
姓名		性别		年龄	录用形式
体检结果			从何处来	省 县（市） 乡（街）	
公司级教育 （一级）	教育内容：国家、地方、行业安全健康与环境保护法规、制度、标准；本企业安全工作特点；工程项目安全状况；安全防护知识；典型事故案例等				
	考试日期			年 月 日	
	考试成绩		阅卷人	安全负责人	
工程公司级教育 （二级）	教育内容：本车间施工特点及状况；工种专业安全技术要求；专业工作区域内主要危险作业场所及有毒、有害作业场所的安全要求和环境卫生、文明施工要求				
	考试日期			年 月 日	
	考试成绩		主考人	安全负责人	

续表

班组级教育（三级）	教育内容：本班组、工种安全施工特点、状况；施工范围所使用工、机具的性能和操作要领；作业环境、危险源的控制措施及个人防护要求、文明施工要求。			
	考试日期		年　月　日	
	掌握情况		安全员	
个人态度				
			年　月　日	
准上岗人意见		批准人		
备注				
注：调换工种或因故离岗六个月后上班时亦用此表考核				

（2）班组级安全培训签到表，如表8-6所示。

表8-6　班组级安全培训签到表

日　期		地　点	
参加人员	新入职员工	讲　师	

主要内容：
　　本班组的生产在线的安全生产状况，工作性质和职责范围，岗位工种的工作性质、工艺流程，机电设备的安全操作方法，各种防护设施的性能和作用，工作地点的环境卫生及尘源、毒源、危险机件、危险物品的控制方法，个人防护用品的使用和保管方法，本岗位的事故教训

参加人员一览表							
序号	姓名	工号	工种	序号	姓名	工号	工种

（3）车间级安全培训签到表，如表8-7所示。

表8-7　车间级安全培训签到表

日　期		地　点	
参加人员	新入职员工	讲　师	

主要内容：
1．本车间的生产和工艺流程
2．本车间的安全生产规章制度和操作规程
3．本车间的劳动纪律和生产规则，安全注意事项
4．车间的危险部位，尘、毒作业情况；灭火器材、走火通道、安全出口的分布和位置

参加人员一览表								
序号	姓名	工号	工种	序号	姓名	工号	工种	

（4）厂级安全培训签到表，如表8-8所示。

表8-8　厂级安全培训签到表

日　期		地　点	
参加人员	新入职员工	讲　师	

主要内容： 1．安全法律法规　　4．消防安全知识
　　　　　　　　2．机械安全知识　　5．安全事故案例
　　　　　　　　3．电气安全知识　　6．职业病预防与劳动防护

参加人员一览表								
序号	工号	姓名	部门	序号	工号	姓名	部门	

续表

8.2.3　保证作业环境安全

在意外事故的发生中环境因素不可忽视，通常脏乱的工作环境、不合理的工厂布置、不合理的搬运工具、采光与照明不好、危险的工作场所都容易造成事故发生，因而，在安全防范中应对作业环境加以关注。

8.2.3.1　创造舒适的作业环境

（1）经常换气。

（2）确保通道安全。

（3）整备修好地面。

（4）彻底整理整顿。

（5）适当改进照明条件。

（6）改进温度条件。

8.2.3.2　安全彩色和标志

机械或作业班环境的彩色调谐效果。

（1）使作业环境舒适。

（2）减少眼睛疲劳。

（3）增强注意力。

（4）标示危险。

（5）使整理整顿容易做。

8.2.3.3　工作场所的明亮度

注意以下各项，确定明亮度。

（1）根据作业要求确定适当的照度。

（2）一般作业灯光晃眼。

(3)光源不动摇。

(4)作业表面和作业面的明亮度不要有很大的差别。

(5)光亮的颜色要适合作业的性质。

8.2.3.4 现场巡视关注作业环境

平时各级管理者在对生产现场进行巡视时要特别留意以下事项。

(1)作业现场的采光与照明是否足够?

(2)通气状况是否良好?

(3)作业现场是否充满了碎铁屑与木块?是否会影响作业?

(4)作业现场的通路是否够宽?是否有阻碍物存在?

(5)作业现场的地板上是否有油或水?对员工的作业进行是否会产生影响?

(6)作业现场的窗户是否擦得很干净?

(7)防火设备是否能正常地发挥功能?是否有做定期的检查?

(8)载货的手推车在不使用的时候,是否有随地放置?是否放在指定点?

(9)作业安全倡导的标语,是否贴在最引人注意的地方?

(10)经常使用的楼梯、货品放置台,是否有摆置在不良的地方?

(11)设备装置与机械是否有依安全手册置于最正确的地点?

(12)机械的运转状况是否正常?润滑油装填的地方是否有油漏到作业地板上?

(13)下雨天时,雨伞与伞具是否放置在规定的地方?

(14)作业现场是否置有危险品?其管理是否妥善?是否做了定期检查?

(15)作业现场入口的门是否处于最容易开启的状态?

(16)放置废物与垃圾的地方,是否通风系统良好?

(17)日光灯的台座是否牢固?是否清理得很干净?

(18)电气装置的开关或插座,是否有脱落的地方?

(19)机械设备的附属工具是否凌乱地放置在各处?

8.2.4 安全检查要变成经常性的活动

8.2.4.1 建立完善的检查体系

完善的检查体系包括五个层面,如图8-15所示。

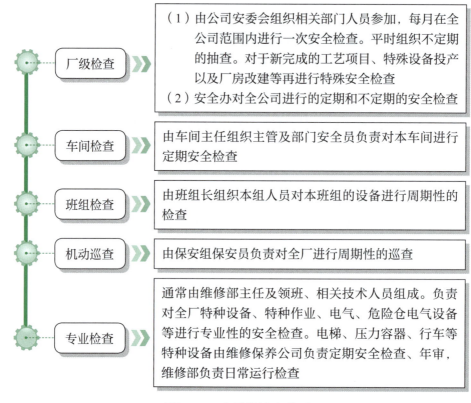

图8-15　完善的检查体系

8.2.4.2　检查频次

对于检查的频次也应该事先确定下来，以便工作能按部就班地进行，具体内容如图8-16所示。

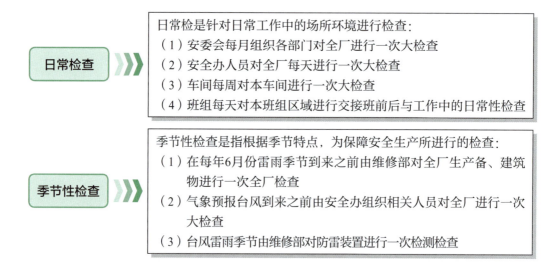

| 节假日检查 | 这包括节假日前的安全生产综合检查，节假日放假前由安全办组织人员对全厂进行一次安全检查 |

| 机动检查 | 机动检查是指对厂区范围的消防安全进行定期巡查：
（1）公司机动检查组在工厂正常上班时间必须每1小时对全厂巡查一次
（2）工厂夜间下班锁门后及节假日放假期间，必须每4个小时巡查一次，并做好检查记录 |

| 专业性检查 | 这是指针对特种作业、特种设备、特殊场所进行的检查：
（1）维修部每年2次对本厂的电气线路进行检查
（2）各部门每年一次对设备安全进行检查或由使用部门委托外部供货商进行检查
（3）维修部对公司内的特种设备（机动叉车、储气罐、电梯、行车等）按照检测周期请检测机构进行一次检测
（4）公司内的防雷装置由维修部每年至少向防雷检测所申请检测一次 |

| 不定期检查 | 不定期检查是指对在运行中的机械设备、消防安全设施、作业中的人员、动火施工作业等不定期进行全厂性的安全检查
（1）该项检查一般由厂安全办负责，对全厂范围进行不定期检查
（2）部门车间安全员对本部门车间生产中的安全进行不定时的检查 |

图8-16　各检查的检查频次

下面是某企业2019年安全检查计划范本，供读者参考。

范本　2019年安全检查计划

2019年安全检查计划

序号	检查形式	检查时间	检查人员	检查目的	检查内容
1	公司综合性安全检查	每月一次	安委会、部门负责人	对作业过程和作业环境的潜在危险有害因素状况进行检查，以便及时采取防范措施，防止和减少事故的发生	作业现场检查、操作人员安全检查、现场安全管理

续表

序号	检查形式	检查时间	检查人员	检查目的	检查内容
2	专项检查	每月一次	安委会、部门负责人	对特种设备、起吊器具、移动电气线路、压力容器、水电气管网、危化品以及重大危险源等进行专项安全检查，防止和减少事故的发生	安全性能、使用存放、维护保养、定期检修、日常巡检等管理
3	车间级安全检查	每月两次	车间负责人、安全管理员、各班组长	对生产过程及安全管理中可能存在的隐患、有害危险因素、缺陷等进行查证，以制定整改措施，消除或控制隐患以及有害与危险因素，确保生产安全	作业人员安全职责，设备、工艺、电气、仪表安全教育，关键装置及重点部位、特种设备等的管理
4	日常安全检查	每周一次	车间负责人、各班组长	以每周检查的方式保障现场作业持续、协调、稳定、安全进行	作业环境、安全管理、安全作业、岗位安全生产、安全意识行为及安全操作规程检查和巡回检查
5	夏季安全检查	5月	安委会、部门负责人	确保夏季的安全生产环境和秩序，保障生产安全运行	防暑降温、防雷、防中毒、防汛等的预防性季节检查
6	秋季安全检查	10月	安委会、部门负责人	确保秋、冬季的安全生产环境和秩序，保障生产安全运行	防火防爆、防雷电、防冻保暖、防滑等的预防性季节检查
7	节假日前安全检查	节假日前两天	安委会、部门负责人	保证节假日期间装置、设备、设施、工具、附件、人员等的安全状态	节假日前安全、保卫、防火防盗、生产物资准备、应急物资、安全隐患等方面的检查
8	节假日期间安全检查	节假日期间	值班人员	通过在公司节假日期间进行安全检查，保证假日后的正常生产	节假日期间防火防盗、物资安全等方面的检查

续表

序号	检查形式	检查时间	检查人员	检查目的	检查内容
9	厂房、建筑物安全检查	12月	安委会、部门负责人	对生产过程中使用的厂房和建筑物可能存在的隐患、有害危险因素、缺陷等进行检查、消除或控制隐患及有害与危险因素，确保生产安全进行	对生产过程中使用的厂房、建筑物可能存在的隐患、有害危险因素、缺陷等进行检查
10	安全设施、设备检查	6月	安委会、部门负责人	保证各消防设施状态良好、安全可用	各种消防器材、设备的检查
11	职业卫生安全检查	11月	安委会、部门负责人	保证作业场所的职业危害因素符合国家和行业标准，保证员工职业健康	

8.2.4.3 检查项目、内容及方法

检查项目、内容及方法如表8-9所示。

表8-9 安全检查项目、内容及方法

序号	检查项目	检查内容	检查方法
1	安全生产责任制	查各部门、各级管理员和员工是否明确自身安全职责，是否履行自身的安全职责	查文件资料、现场提问
2	安全操作规程	（1）查是否建立各岗位安全操作规程或操作指引，员工对操作程序和要求是否明确 （2）员工是否有违章操作的行为现象	提问或查培训记录，查现场或记录
3	安全检查	查是否有建立各级安全检查组，各检查组是否按公司检查制度进行安全检查，是否及时落实安全整改	查检查整改记录是否存盘
4	安全宣传教育	（1）查新入厂员工是否有接受厂级与岗前培训 （2）查特种作业人员是否持有效操作证上岗 （3）查是否有开展安全宣传教育活动	查培训内容和记录，查证件

续表

序号	检查项目	检查内容	检查方法
5	用电安全	（1）各种电气设备档案是否齐全 （2）电气线路敷设是否规范，有无乱拉乱接现象存在 （3）绝缘导线外皮有无破损、老化现象 （4）临时线路电源线是否采用完整的、带保护线的多股铜芯橡皮护套软电缆或护套软线 （5）漏电保护装置、开关等是否完整有效，指示是否正确，是否使用带保护接零极的插座（单相三孔、三相四孔） （6）保险丝是否按额定值选用，是否有用"非保险丝"代替的状况 （7）是否存在直接将导线插在插座上使用的现象 （8）有无接零或接地，保护接零或接地是否完好（接地电阻不大于4欧，保护接零线重复接地电阻不大于10欧） （9）用电设备的绝缘电阻值是否符合规定，有无定期检查记录 （10）移动电气设备和手持电动工具是否装设漏电保护器，是否做到"一机一闸一漏"（一台用电设备必须配备专用的开关和漏电保护器） （11）移动电气设备和手持电动工具的防护罩盖、手柄及开关是否完好可靠，有无松动破损	查图纸数据、运行使用记录、保养维修记录、故障处理记录，现场察看
6	机械设备	（1）是否建立机械设备及其各种保护装置使用管理制度 （2）现场设备前是否张贴安全操作规程或操作指引 （3）是否定期开展机械设备及其各种保护装置安全检查和维修保养 （4）是否进行机械设备安全运行（或上班前）检查交接班记录 （5）机械操作员是否经过培训并持有合格上岗证 （6）冲压机等危险设备是否按规定配备安全防护装置，其防护装置是否可靠有效 （7）机械设备其运（转）动部件、传动（传输）装置是否安装防护装置，或是否采取其他有效的防护措施	查检查和维修保养、培训记录，现场抽查
7	作业环境	（1）通风、照明、噪声是否符合作业要求，通风、照明、屏蔽设备、设施是否完好 （2）生产材料、半成品、成品和废料等有无乱堆乱放，过道和安全出口是否通畅	现场巡查

续表

序号	检查项目	检查内容	检查方法
7		（3）生产区域地面是否平坦、整洁，功能区划分是否恰当 （4）作业台面设置和摆设是否合理，有无阻碍员工作业和紧急情况下的疏散行动	

8.2.4.4 安全隐患的整改及处理

（1）通过检查发现安全隐患后，实时向安全责任部门及安全责任人下发《隐患整改通知书》。

（2）安全责任部门及安全责任人经接到检查组的《隐患整改通知书》后，必须及时对存在的安全隐患予以整改。

（3）检查组于整改期限到期内跟踪整改结果，如责任部门没按要求整改或拒绝整改的，将依据公司《安全生产奖惩制度》对相关安全责任人予以处罚。

8.2.4.5 检查用表格

为使检查规范化，可以结合企业的实际情况制定一些检查表。

（1）班组安全生产日常检查表，如表8-10所示。

表8-10 班组安全生产日常检查表

检查内容 \ 结果 \ 日期	___日		___日		___日		___日		___日	
	上午	下午	上午	下午	上午	下午	上午	下午	上午	下午
1. 机械操作员是否违反操作规程										
2. 机械危险部位是否有安全防护装置										
3. 机械防护装置是否安全有效										
4. 机械设备是否有操作规程标志										
5. 员工是否按要求佩戴防护用品										
6. 员工是否按要求着装										
7. 员工是否把饮水和食物带入车间										

续表

检查内容 \ 结果 \ 日期	___日 上午	___日 下午	___日 上午	___日 下午	___日 上午	___日 下午	___日 上午	___日 下午	___日 上午	___日 下午
8. 货物摆放是否整齐平稳不超高										
9. 货物是否堵塞灭火器材和通道										
10. 工作台电线、插头是否有裸露脱落										
11. 测试仪是否有绝缘防护										
12. 员工工位是否被货物或台凳堵塞										
13. 车间照明、通风、温度是否正常										
14. 电源线路、开关是否正常										
15. 危险品是否贴有中文标志										
16. 是否用有盖压力瓶装危险液体										
17. 危险品是否远离火源热源										
18. 岗位上是否放有过量的危险品										
19. 电烙铁、风筒是否符合安全要求										
20. 员工是否经过岗位安全培训										
21. 员工是否违反工作纪律										

说明：请根据检查情况在"结果"栏内打"√"或"×"，有问题及时整改，并做好记录，如无法整改的要立即向部门主管报告，直到问题解决为止。

班组负责人：_____部_____组

检查人：_____　　　　　部门安全员：_____

（2）车间级安全卫生检查记录表，如表8-11所示。

表8-11 车间级安全卫生检查记录表

类型	检查内容	存在问题	限期整改
电气设备	临时配线是否符合安全要求		
	是否有违章使用电器现象		
	电路是否超载		
	电烘箱、电烙铁的使用是否安全		
	电线是否有老化、裸露、脱落现象		
	电源插头、插座是否完好,有无松动		
	电器开关与线路设施是否安全		
	电器线路是否有接触水或物质		
消防设施	灭火器、消防栓是否正常按时检查		
	安全门是否正常开启,有无上锁		
	通道、安全出口和楼梯是否堵塞		
	走火图及通道指示是否清晰明显		
	消防设施是否被堵塞		
危险品管理	危险品是否贴有中文标识		
	危险品是否用有盖压力瓶装好使用		
	危险品是否远离火源、热源		
	危险品的储存、搬运是否安全		
	危险品是否有专人管理		
	危险仓是否有防静电接地设施		
	危险品抽风设施是否正常运行		
机械设备	机械设备是否有操作规程和警示标识		
	是否有安全装置且安全可靠		
	机械操作员是否按要求佩戴防护用品		

续表

类型	检查内容	存在问题	限期整改
机械设备	机械设备是否定期维修保养有记录		
	设备是否保持整洁,无油污和杂物		
环境卫生	地面是否有油污或水迹		
	车间天花、门窗、台面是否整洁		
	粉尘、噪声区是否有警示提示		
	员工是否正确佩戴防护用品		
	台面设置是否合理,对员工工作或紧急疏散有无障碍,台凳有无损坏		
	车间或仓库是否有足够的照明和通风		
	车间是否有超标粉尘或有毒气体		
	员工饮水设施是否干净、卫生		
	厂房结构是否出现裂缝或天花脱落		
	急救箱内药品是否齐全且与清单相符		
	是否配备了专职急救员管理药箱		
管理与纪律	组长是否及时纠正员工的不安全行为		
	组长是否经常对本组实施安全检查		
	员工是否遵守工厂劳动纪律		
	员工是否正确着装和佩戴工帽		
	是否有员工在车间洗手间、楼梯间、天台等场所抽烟		
	动火作业是否申报且符合动火要求		
	其他安全问题		
货物储存	货物的存放是否分类,有无混放现象		
	货物摆放是否符合五距安全要求		

续表

类型	检查内容	存在问题	限期整改
	检查人员签字：	整改意见：	
备注			
		部门主管签字：	
	＿＿＿年＿月＿日	＿＿＿年＿月＿日	

（3）厂级安全生产检查记录表，如表8-12所示。

表8-12　厂级安全生产检查记录表

被检查部门：＿＿＿＿＿＿＿＿＿＿＿　　安全生产责任人：＿＿＿＿＿＿＿＿＿＿＿
检查时间：＿＿＿年＿月＿日

检查内容（在□内打"√"或"×"）：
1. 员工车间级安全培训、岗前培训、工种转换培训、复工培训及建档情况。　□
2. 安全生产规章制度及岗位安全操作规程执行情况。　□
3. 车间安全自查情况。　□
4. 安全员的工作执行情况。　□
5. 特种作业人员现场操作管理情况。　□
6. 危险设备、设施安全防护装置和完好情况。　□
8. 员工劳动防护用品配备和正确使用情况。　□
8. 危险化学品安全使用情况。　□
9. 危险设备、设施设置安全警示、标志情况。　□
10. 用电安全管理情况。　□
11. 通风、照明、通道、安全出口等作业环境安全管理情况。　□
12. 消防器材、设施的检查和管理情况。　□
13. 危险仓管理情况。　□
14. 车间、楼道、工作台卫生清洁情况。　□
15. 各种电气设备、电气开关、电气线路的安全情况。　□
16. 其他安全情况。　□

存在的主要问题：

续表

整改建议：见《安全隐患整改通知书》	
检查组人员签字： ＿＿＿年＿月＿日	安全生产责任人签字： ＿＿＿年＿月＿日

（4）专业组安全检查报告，如表8-13所示。

表8-13　专业组安全检查报告

被检查部门：＿＿＿＿＿＿＿＿＿＿　　安全生产责任人：＿＿＿＿＿＿＿＿＿＿ 检查人员：＿＿＿＿＿＿＿＿＿＿ 检查时间：＿＿＿年＿月＿日
检查内容（在□内打"√"或"×"）： 1. 电气设备、电气线路、电气开关总掣的安全情况。　　□ 2. 压力容器、燃油炉安全情况。　　□ 3. 特种作业人员现场操作情况。　　□ 4. 发电机安全运行情况。　　□ 5. 电梯安全操作及运行情况。　　□ 6. 化学危险品仓的管理情况。　　□ 7. 化学危险品日常使用情况。　　□ 8. 其他安全情况。　　□
存在的主要问题：   安全生产责任人签字： ＿＿＿年＿月＿日

（5）安全隐患整改通知书，如表8-14所示。

表8-14　安全隐患整改通知书

No.：

＿＿＿＿＿部 　　安全办于＿＿＿年＿月＿日对你部门进行安全检查时，发现你部门存在以下安全隐患： ＿＿ ＿＿

续表

_____ _____ 　　　　　　　　　　　　　　　　　　　　　　检查人：_____	
请你部收到该通知书___日内对以上问题进行整改，整改期限到期后安办将对整改结果进行复查。 　　特此通知！ 　　　　　　　　　　　　　　　　　　安全生产管理委员会 　　　　　　　　　　　　　　委员／安全主任：_____、_____、_____ 　　　　　　　　　　　　　　　　　　　　　　___年__月__日	
整改措施： 　　　　　　　　　　　　　　　　　　部门主任／主管：_____ 　　　　　　　　　　　　　　　　　　　　日期：___年__月__日	
复查结果： 　　已按要求完成整改：□ 　　未按要求完成整改：□ 　　　　　　　　　　　　　　　　　　复查人员：_____ 　　　　　　　　　　　　　　　　　　　　日期：___年__月__日	

8.2.5　员工劳动防护用品不可缺

8.2.5.1　配备能保安全的防护用品

（1）调查、了解必须配备哪些防护用品。防护用品有许多，究竟用哪一些防护用品，必须对企业的实际情况进行调查，给员工配备最适当的。配备防护用品时可参考表8-15所示的要求。

表8-15　配备防护用品的情况

序号	情况说明	合适的防护用品
1	（1）有灼伤、烫伤或者容易发生机械外伤等危险的操作	工作服或者围裙，工作帽、口罩、手套、护腿和鞋盖

续表

序号	情况说明	合适的防护用品
1	（2）在强烈辐射热或者低温条件下的操作 （3）散放毒性、刺激性、感染性物质或者大量粉尘的操作 （4）经常使衣服腐蚀、潮湿或者特别肮脏的操作	
2	在有危害健康的气体、蒸汽或者粉尘的场所操作的人员	口罩、防护眼镜和防毒面具
3	工作中发生有毒的粉尘和烟气，可能伤害口腔、鼻腔、眼睛、皮肤的	工人漱洗药水或者防护药膏
4	在有噪声、强光、辐射热和飞溅火花、碎片、刨屑的场所操作的人员	护耳器、防护眼镜、面具和帽盔等
5	经常站在有水或者其他液体的地面上操作的人员	防水靴或者防水鞋等
6	高空作业人员	安全带
7	电气操作人员	绝缘靴、绝缘手套等
8	经常在露天工作的人员	防晒、防雨的用具
9	在寒冷气候中必须露天进行工作的人员	御寒用品
10	在有传染疾病危险的生产部门中	洗手用的消毒剂，所有工具、工作服和防护用品，必须由工厂负责定期消毒
11	产生大量一氧化碳等有毒气体的工厂	防毒救护用具，必要的时候应该设立防毒救护站

（2）确定配备标准。了解了企业需要为员工配备哪些防护用品之后，还要确定配备标准，即确定各种用品的配备数量及更换周期。

下面是某企业防护用品配置周期及标准范本，仅读者参考。

范本 某企业防护用品配置周期及标准

防护用品配置周期及标准

岗位名称	数量	防护用品类别							
		雨靴	胶鞋	帽子	医用手套	帆布手套	纱手套	棉手套	工装
车间主任	2	1年	/	/	/	1月	/	/	6个月
机修电工	1	1年	1年	/	/	1月	/	/	6个月
清洗工	12	1年	/	/	30天	/	1周	/	6个月
包装工	12	/	6个月	6个月	/	/	/	1周	6个月
质检	1	/	6个月	/	/	/	/	1周	6个月

说明：车间主任包括副职，清洗工与包装工包括班长。

8.2.5.2 监督员工穿戴劳保用品

劳保用品的最大作用就是保护员工在工作过程中免受伤害或者防止形成职业病。但实际生产中因为员工对此意义理解不够，认为劳保用品碍手碍脚，是妨碍工作的累赘。这样，就要求持续不断地加强教育，严格要求，使之形成习惯，决不能视而不见。

某纺织厂有个规定，试车的时候不能戴手套。李明是厂里的老员工，多次被厂里评为优秀员工，有很丰富的工作经验。也许正是这些经验让这位德高望重的老员工存在一种侥幸的心理，经常在试车的时候违规戴手套。碍于情面，班长赵军也不好说他什么，就私下叫王刚去提醒他注意一些。王刚刚说完，李明满不在乎地说："放心了，不会有什么问题的。我吃的盐比你吃的饭还多呢！"

结果，一次试车时手套绞入了机器里面，把手也带了进去，随之，一幕惨剧发生了，鲜红的血洒了一地。也许正是这丰富的工作经验让他存有一定的侥幸心理，认为自己不会出事，事故离他很远。

要求生产现场的管理者一定要对本工厂、本车间在哪些条件下使用何种劳保用品有一定的了解，同时，要对各种劳保用品的用途也要有了解，当员工不按规定穿戴劳保用品时，可以将公司的规定搬出来讲，也可以向他解释穿戴劳保用品的好处和不穿戴的坏处。图8-17所示为劳保用品的使用、标示。

手指上戴上绝缘指套以防触电。

对进入该区域需要戴的防护用具做出明确的规定，并以图示的形式张贴出来。

图8-17 劳保用品的使用、标示

8.2.6 现场安全管理目视化

8.2.6.1 安全标语和标准作业广告牌

工厂是人、物、设备的集合体，意外事件发生的概率比一般家庭要大得多，但真正发生的机会又不大，所以很容易被忽略。但一旦发生意外，后果就会不堪设想。所以，工厂意外事件的防范，绝对不能掉以轻心。

（1）安全标语。可在工厂的各个地方张贴安全标语，提醒大家注意安全，降低意外事件的发生。

（2）标准作业广告牌。通过标准作业的广告牌，使大家在作业时，能有一些安全示范，避免意外事件的出现。

8.2.6.2 安全图画与标示

生产作业现场内，有一些地方，如机器运作半径的范围内、高压供电设施的周围、有毒物品的存放场所等，如果不小心的话，很容易发生事故。所以，基于安全上的考虑，这些地方应被规划为禁区。

大多数员工知道要远离这些禁区，但时间一长，其警觉性就会降低，意外潜在的发生概率则无形中在增加。所以，一定要采取目视的方式时时予以警示。如图8-18所示。

（1）在危险地区的外围上，围一道铁栏杆，让人们即使是想进入，也无路可走；铁栏杆上最好再标上如"高压危险，请勿走近"的文字警语。

（2）若没办法架设铁栏杆，可以在危险的部位，漆上代表危险的红漆，让大家警惕。

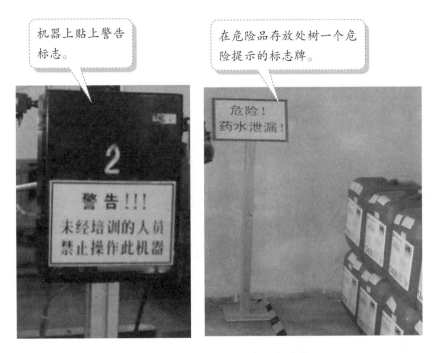

图8-18 生产作业现场贴示安全警示

8.2.6.3 画上"老虎线"

在某些比较危险但人们又容易疏忽的区域或通道上，在地面画上"老虎线"（一条一条黄黑相间的斑纹线），借由人们对老虎的恐惧来提醒员工的注意，告诉员工，现在已经步入工厂"老虎"出没的地区，为了自身的安全，每个人都要多加小心。如图8-19所示。

> 危险的区域或通道应在地面画上"老虎线"。

图8-19　画"老虎线"

8.2.6.4　限高标示

场地不够用，许多工厂就会动"夹层屋"的脑筋，即向高空发展。因为，一般工厂的厂房比普通的建筑物要高出许多，所以，这种夹层屋可以说是一种充分利用空间的好方法。但它本身也会给企业带来一些负面影响，最主要的就是搬运的问题了。因为这种夹层屋把厂房的高度给截半了，所以，搬运高度就受到了限制。如果搬运的人没有注意到高度限制的话，很可能会碰撞到夹层屋屋顶，那么，搬运人员最好运用目视的方法注意到高度的限制。

（1）红线管理。假设厂房内搬运的高度是设限在5米，在通道旁的墙壁上，从地面向上量起5米的地方，画上一条红线，让搬运人员目测判断，他所运送的东西的高度是否超过了5米红线。

（2）防撞栏网。在通道设置防撞栏网，这个网的底部，距离地面的高度是5米，当搬运的东西的高度超过5米的话，会先碰到这个栏网，但并不会损害到所搬运的物品，它会发出一个信号，让搬运的人很容易知道超过限高，从而采取相应措施。

8.2.6.5　易于辨识的急救箱

如果发生事故，需要用到急救箱时，就应该让每个人及时准确地知道它放置的位置。所以，急救箱应放在一个固定、醒目的地方。一般在急救箱上，有一个很明显的红十字，一般人都知道它的含义，有了这种明确的标志，需要用到它的时候，应该是很容易为大家所找到的，如图8-20所示。

> 十字标志明显,有药品且有药品细目,最重要的是张贴有负责人资料,可以说很完美。

图8-20 急救药箱

8.2.6.6 对消防器材定位与标示

消火栓、灭火器等消防器材用到的机会比较小,很容易让人忽视。但需要时,应使每个人知道它的准确位置。所以,应对这些消防器材善加管理,以备不时之需,具体可采用以下目视方法。

(1)定位。灭火器等的消防器材,要放在一个固定的场所,当意外发生时,可以立刻找到灭火器。如灭火器是悬挂于墙壁上的,当灭火器的重量超过18千克时,灭火器与地面的距离,应低于1米;其重量在18千克以下,则其高度不得超过1.5米,如图8-21所示。

> 灭火器悬挂在墙上,底下一定要空着,不能摆放任何东西。

> 灭火器前有区域线,有标志,且有检查表和操作流程说明。

图8-21 灭火器定位放置

（2）标志。工厂内的消防器材，常被其他物品遮住，这势必延误取用的时机，所以，最好在放置这些消防器材的地方，设立一个较高的标志广告牌，增加其能见度。

（3）禁区。消防器材前面的通道一定要保持畅通，才不会造成取用时受到阻碍。所以，为了避免其他物品被占用，在这些消防器材的前面，一定要规划出安全区，而且画上"老虎线"，提醒大家共同来遵守安全规则。

（4）放大的操作说明。通常是在非常紧急的时刻才会用到消防器材，这时，人难免会慌乱，而在慌乱的情况之下，恐怕连如何使用这些消防器材都给忘了。所以，最好是在放置这些消防器材的墙壁上，贴上一张放大的简易操作步骤说明图，供人参考，如图8-22所示。

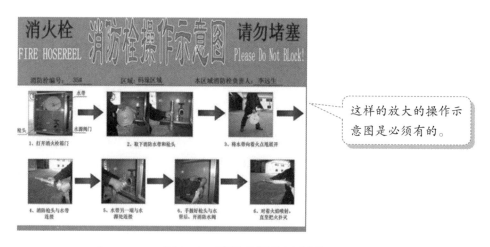

图8-22　消防栓操作示意图

（5）明示的更药日期。注意灭火器内药剂的有效期限是否过期，一定要按时更新，以确保灭火器的有效性。把该灭火器的下一次换药期明确地标示在灭火器上，让所有人共同来注意安全。

8.2.6.7　紧急联络电话广告牌

在非上班时间，若有意外发生，当值人员除了立即报警之外，还要通知企业有关主管，当然，报警及通知都是用电话来联络。

除了"110"及"119"这两个电话号码之外，附近的派出所、电力公司、自来水公司、煤气公司及各相关主管家里的电话号码，都可能会用到。但因为平时很少使用这些号码，所以不容易记住，一旦需要用到它们时，却可能找不到对方的电话号码。所以，在警卫室或值班室内设置一个"紧急联络电话广告牌"（见表8-16），将相关的联络对象的电话号码标示出来，肯定有助于警卫或是值班的人员及时发现，从而提升应付紧急事件的应变能力。

表8-16　紧急联络电话广告牌

紧急响应机构	警察："110" 消防："119" 救护车："120" 派出所：
紧急响应机构	医院： 自来水公司： 煤气公司： 电力公司：
公司有关主管	董事长： 总经理： 厂长： ……

8.2.6.8　急难抢救顺序广告牌

当意外事件发生时，相信现场的所有员工都想帮忙，但通常发生这种事件的概率不高，所以，在面对这种必须果断处理的情况时，往往会因为缺乏处理的经验，而显得手足无措。

意外事件的处理，往往要争分夺秒，若大家乱了手脚，势必会延误抢救时机。所以不妨在易发生灾害的场所，设置一些"急难抢救顺序广告牌"（见表8-17），让大家在必要时，可以通过广告牌上的步骤与指示，有一个标准动作可以遵循，从而能掌握第一时间，减少意外事件的伤害。

表8-17　急难抢救顺序广告牌

步骤1：_____
步骤2：_____
步骤3：_____
步骤4：_____
步骤5：_____
步骤6：_____

8.2.6.9 消防通道及安全疏散示意图

必须制定消防通道及安全疏散示意图并张贴在员工们经过的显眼处,同时,在进行消防培训时要对之进行讲解。如图8-23所示。

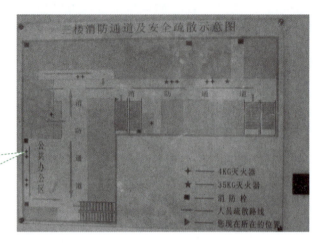

某企业的消防通道及安全疏散示意图。

图8-23 消防通道及安全疏散示意图

8.2.7 对危险源进行识别与控制

危险源是指一个系统中具有潜在能量和物质释放危险的、在一定的触发因素作用下可转化为事故的部位、区域、场所、空间、岗位、设备及位置。危险源是生产作业中潜在的不安全因素,如不对其进行防护或预防,有可能导致事故发生。

8.2.7.1 企业中存在危险源的业务活动及场所

辨识危险源应注意企业中存在危险源的业务活动和活动场所,这些业务活动和活动场所包括表8-18所示的内容。

表8-18 企业中存在危险源的业务活动及场所

序号	存在危险源的活动和场所	具体说明
1	厂址	从厂址的工程地质、地形、自然灾害、周围环境、气象条件、资源交通、抢险救灾支持条件等方面进行危险源的辨识
2	厂区平面布局	(1)功能分区(生产、管理、辅助生产、生活区)布置;高温、有害物质、噪声、辐射、易燃易爆、危险品设施布置;风向、安全距离、卫生防护距离等 (2)运输线路及装卸地点等

续表

序号	存在危险源的活动和场所	具体说明
3	建筑物	结构、防火、防爆、朝向、采光、运输、通道（操作、安全、运输、检修等通道）、生产卫生设施
4	组织的活动	包括临时工作任务、相关方的活动（产品设计开发—采购—生产制造—测量与监控—交付—服务）
5	其他	（1）生产设备、装置 （2）食堂等生活配套设施 （3）应急设施

8.2.7.2 危险源识别的对象

进行危险源识别时，除本厂人员外，还须考虑进入本厂的外来人员（如，访客、供货商）的活动；除本厂内部所产生的危险源外，还须考虑外界提供设施的活动（如供货商送货车辆，可能导致的危险品泄漏）等。

8.2.7.3 危险源识别的方法

危险源识别可选用以下一种或多种方法。

（1）与工厂在某方面有经验的人交谈、询问、了解其工作中的危害。

（2）现场观察。

（3）查阅相关记录。如事故报告、职业病记录，以此推断现有的危险源。

（4）获取外部信息。查阅文件，向同行及专家咨询。

危险源识别可采用如表8-19所示的危险源调查表。

表8-19　危险源调查表

序号	活动点/工序/部位	危险源及其风险	人员暴露于危险环境的频繁程度	时态	状态	是否受授	是否守法	备注

调查人／日期：　　　　审核／日期：　　　　确认／日期：

8.2.7.4 危险源的评价

在调查的基础上按照危险源的评价标准要对安全隐患进行风险评价。

下面是某企业工业安全隐患风险评价表，供读者参考。

范本 **某企业工业安全隐患风险评价表**

工业安全隐患风险评价表

序号	活动点/工序/部位	涉及部门	危险源及其风险	风险级别评价			是否重大风险	备注
				事故发生的可能性	事故后果的严重性	风险级别		
1	化工品仓库	仓库	火灾、爆炸	C	Ⅰ	3级	√	
2	点胶工装	装配车间	使用易燃品	C	Ⅰ	2级	×	甲苯
3	波峰焊炉	SMT车间	高温物体、产生铅烟、人身伤害、职业病	A	Ⅲ	2级	×	
4	焊机	SMT车间	产生铅烟、职业病	A	Ⅲ	1级	×	
5	叉车	装配车间仓库	车辆伤害	B	Ⅱ	3级	√	
6	……							

说明：1. 事故后果的严重等级：Ⅰ严重伤害，出现多人伤亡；Ⅱ一般伤害，人员严重受伤，严重职业病；Ⅲ轻身伤害，人员轻微受伤，轻微职业病。

2. 事故发生的可能性等级：A很可能；B极少；C不可能。

3. 风险级别等级：5级极其危险，不能继续作业；4级高危险，要立即整改；3级显著危险，需要整改；2级一般危险，需要注意；1级稍有危险，可以接受。

8.2.7.5 危险源的控制

对危险源的控制有技术控制、人行为控制和管理控制三种方法。

（1）技术控制。技术控制是指采用技术措施对危险源进行控制，主要技术有消除、控制、防护、隔离、监控、保留和转移等。

（2）人行为控制。人行为控制是指控制人为失误，减少人不正确行为对危险源的触发作用。人为失误的主要表现形式有：操作失误，指挥错误，不正确的判断或缺乏判断，粗心大意、厌烦、懒散、疲劳、紧张、疾病或生理缺陷，错误使用防护用品和防护装置等。人行为的控制首先是加强教育培训，做到人的安全化；其次应做到操作安全化。

（3）管理控制。对危险源实行管理控制，可以采取图8-24所示的措施。

措施一 建立健全危险源管理的规章制度

措施二 明确责任、定期检查

措施三 建立健全危险源的安全档案和设置安全标志牌。应按安全档案管理的有关内容要求建立危险源的档案，并指定由专人保管，定期整理。应在危险源的显著位置悬挂安全标志牌，标明危险等级，注明负责人员，按照国家标准的安全标志表明主要危险，并扼要注明防范措施

措施四 严格要求作业人员贯彻执行有关危险源日常管理的规章制度。搞好安全值班和交接班，按安全操作规程进行操作；按安全检查表进行日常安全检查；危险作业经过审批等。所有活动均应按要求认真做好记录。领导和安全技术部门定期进行严格检查考核，发现问题，及时给以指导教育，根据检查考核情况进行奖惩

图8-24 对危险源实行管理控制的措施

Chapter 9

节约（SAVING）的实施

9.1 建立 EMS 能源管理系统

EMS能源管理系统能够有效帮助工厂实现能源消耗的可视化管理，员工再也不用为纷繁复杂的能耗数据感到头疼，系统可以进行自动化的数据采集、可视化的能耗数据分析以及精益化能耗管理和节能。

9.1.1 何谓企业能源管理系统（EMS）

能源管理系统（Energy management system，简称EMS）是以帮助工业生产企业在扩大生产的同时，通过能源计划、监控、统计、消费分析、重点能耗设备管理和能源计量设备管理等多种手段，合理计划和利用能源，降低单位产品能源消耗，提高经济效益为目的信息化管控系统。

能源管理系统（Energy management system，简称EMS）是企业信息化系统的一个重要组成部分，在对能源数据进行采集、加工、分析、处理以实现对能源设备、能源实绩、能源计划、能源平衡、能源预测等方面发挥着重要的作用。

在企业信息化系统的架构中，把能源管理作为MES的一个基本应用构件，作为大型企业自动化和信息化的重要组成部分，如图9-1所示。

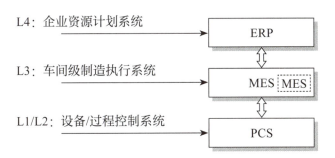

图9-1 企业信息化系统架构

9.1.1.1 制造执行系统（MES）

MES是一套位于上层的计划管理系统与底层的工业控制系统之间的面向车间层的管理信息系统，它为操作人员、管理人员提供计划的执行、跟踪以及所有资源（人、设备、物料、客户需求等）的当前状态和历史状况。

MES系统能通过信息的传递对从生产命令下发到产品完成的整个生产过程进行优化管理。当工厂中有实时事件发生时，MES系统能及时对这些事件作出反应、报告，并用当前准确的数据对它们进行约束和处理，这种对状态变化的迅速响应使MES系统能够减少企业内部那些没有附加值（NVA——NonValueAdded）的活动，有效地指导工厂的生产运作过程，同时提高了工厂及时交货的能力，改善了物料的流通性能，提高了生产回报率。MES系统还能通过双向直接通信在企业内部和整个产品供应链中提供有关生产行为的关键任务信息。

MES系统能够帮助企业解决生产中遇到的一些瓶颈问题，从而改进生产线运行性能，达到降低在制品（WIP——WorkInProcess）库存、缩短产品制造周期、提高生产效率并控制生产成本的目标。

9.1.1.2 仓库管理系统（WMS）

WMS是一套面向材料、备件、成品等仓库的信息管理系统，它能够辅助仓库管理人员对货物的入库、出库、移库、盘点等业务进行全面的控制和管理，杜绝货物积压与短缺现象，达到降低库存、减少资金占用的目的。WMS可以实现按照ABC分类的原则来对仓库内的物品进行管理，并借助条码识别技术来实现数据采集，从而保证信息的准确性。

WMS严格保证物品的先进先出，该系统已成功应用于材料仓库、备件仓库和成品仓库，为企业物流链提供了帮助。

9.1.1.3 生产管理软件系统（MES）

MES，Manufacturing Execution System，生产管理系统／制造执行管理系统是企业系统信息化集成的纽带，是实施企业敏捷制造战略和实现车间生产管理里敏捷化的基本技术手段，生产管理软件系统（MES）是近10年来在国际上迅速发展、面向车间层的管理系统技术与实时信息系统。

生产管理软件系统（MES）是企业信息化建设中的关键环节，正越来越被重视。流程型生产企业行业按照MES实用模型，从基础功能着手，然后在此基础上根据企业的实际情况进行功能扩充，逐步完善企业生产管理系统，实现从DCS到ERP的信息畅通。

9.1.2 能源监控的基本要求

（1）采用自动化、信息化技术和集中管理模式，建立能源管理系统，对企业的电力（高、低压配电系统）、水、天然气、厂区压缩空气、汽油、能源消耗及生产过程所需的各种重要参数（包括温度、压力、流量、电量、液位等）进行集中的动态监控并建立各系统的系统网络图。对部分设备（水泵类、空压机、空调、制冷机等），实现能源数据的实时自动采集、监测、计算、动态分析和能源统计报表输出，并通过显示终端对能源系统进行全局监视。

（2）实现对能源计量信息的多种统计分析功能；使能源管理人员可以实时掌握厂区生产用能情况，及时发现和排除用能过程中出现的问题。

（3）依据工艺流程和采集的参数，实现对企业水泵系统（站房水泵系统、涂装制冷站水泵系统）、空压机系统、制冷机系统、空调系统、供油站等与能源监控系统相关联的系统进行在线监视（分别建立各系统的网络系统图）。

（4）具备WEB网络发布功能，以便实时了解各个系统的运行状态和状况。

（5）较高的数据安全性，良好的数据保护功能；友好的操作方式和系统开放性，具有较强的二次开发功能。

（6）采用标准的通信协议，应与企业ERP和MES系统兼容，保证ERP和MES系统需要的数据能够准确无误地传输至系统中。若与ERP和MES通信协议需二次开发，投标方需无偿配合招标方的软件部门开发通信协议。

9.1.3　能源管理系统主要实现功能技术要求

9.1.3.1　能源管理系统整体功能要求

能源管理系统的整体功能要求包含4大功能体系，如表9-1所示。

表9-1　能源管理系统的整体功能要求

功能	要求
数据统计与浏览	（1）现场能源数据实现全面自动、精确、实时统计功能、人性化数据浏览功能 （2）数据统计的方式。可分时段、分工序、分产品、分工艺、分区域或按照招标方提出的定制需求进行统计分析 （3）数据统计的时长。数据应该7×24小时不间断采集或招标方指定标准采集数据总量不低于3年历史数据查询、筛选等功能，实时曲线和历史曲线等功能 （4）数据统计的输出方式。系统可根据招标方的特殊定制需求输出任意定制报表，时间上包括小时、天、周、月、季、年等；空间上包括班组、工段、车间、分厂各单位等，采用规范的OPC输出接口。指定数据库输出，含实时数据库和历史数据库 （5）数据浏览功能。应具备友好的人机界面，如接线图、地理图、流程图、趋势图、曲线、棒图、统计图、报警图等，编辑和显示可灵活在线切换等功能，为操作人员提供简便的操作，多窗口和动态图形方式，仅利用鼠标器和光标便可选择操作对象或操作指令浏览系统数据。操作人员对系统内任何位置的信息点进行实时状态观察

续表

功能	要求
数据统计与浏览	（6）应用编程软件包含有丰富的图形界面，画面要求可以按实际厂区分布及显示，量身定做专业功能键设定等功能 （7）统计报表的样式及选项应有较大的灵活性，可以自定义项目的种类、时间、计算公式、报表样式等内容 （8）跨平台客户端数据交互功能 （9）为了方便分析数据，有些与能源监控相关的数据（如产量、峰谷电价等）应具备手动输入或自动导入的功能
数据分析	（1）重点用能设备耗能情况分析（包括设备动态的效率变化分析） （2）重点产品的"单品能耗"分析 （3）电力平衡分析及电量的峰谷差异分析 （4）能源品质分析、能源平衡分析 （5）满足招标方在系统使用过程中出现的新的分析需求 （6）能源管理看板和设备管理看板分析功能
远程控制	（1）具备联网的水泵类系统（含冷却塔、水池等相关设备设施）的运行状态监视 （2）具备联网的空调类系统的运行状态监视 （3）具备站房压缩空气系统的运行状态监视 （4）具备制冷站内系统（制冷机组、水泵、冷却塔、水池液位等设施）运行状态监视 （5）具备供油站的运行状态监视 （6）应具备一定的逻辑设定功能 （7）软硬件系统均应具备增加远程控制接入功能 （8）为保证系统未来升级的需求需预留通信接口 （9）系统未来可接入通过数据分析得出的任何节能空间较大的改进系统
增值管理功能	（1）能耗成本结算功能，对产品的能耗成本进行结算 （2）能源供应与能源使用单位之间的协调、调度、结算功能 （3）实时数据的局域网、广域网信息发布系统 （4）包含仪器仪表设备的巡检、标定提醒等功能（巡检间隔和标定间隔可人工设定）、设备台账功能 （5）能耗异常报警系统应具有系统报警、问题反馈、报警摘要和责任追溯等功能 （6）针对单项生产任务的能源成本预测功能 （7）用户角色定位，分级授权的用户管理功能 （8）能耗指标分解、能源构成分析及折标功能 （9）重要设备运行安全管理功能

9.1.3.2 能效计量数据采集

（1）电耗数据采集。

（2）水数据采集。

（3）天然气使用数据采集。

（4）从各空压站控制系统采集各空压机运行状态，各用气管网的压力、流量、温度、累计气量等参数。

9.1.3.3 能效实时监控

主要功能包括以下几方面。

（1）实时监控各用能单位、设备的能效。

（2）能效超限（超限值可人工设定）报警。

（3）管网泄露监测与报警。

9.1.3.4 能效计量统计

能效计量统计功能实现用能各环节能效信息的搜集汇总和计算分析，分析各计量单位能效的消耗量，揭示能效产生、能效使用方向及变化状况，并根据各计量单位能效量、能效指标的对比分析，把握企业能效趋势，为绩效考核、成本核算提供决策依据。

主要功能包括以下几方面。

（1）按统计期（班、日、周、旬、月、季、年等时间范围）统计各计量单位的能效，包括单耗和综合能效，并生成统计报表。

（2）按统计期（班、日、周、旬、月、季、年等时间范围）统计单位产品能效，包括单耗和综合能效，并生成统计报表。

（3）统计报表的样式及选项应有较大的灵活性，可以自定义项目的种类、时间、计算公式、报表样式等内容。

9.1.3.5 能量平衡分析

（1）能量平衡涉及的能量为水、电、气、油等。考虑能量收支关系，给出能量分布和平衡指标。

（2）根据能量平衡分析的需要，建立以企业、车间和重点耗能设备为对象的用能系统，采用面向对象的设计方法进行组织与管理。

9.1.3.6 能效预测分析

根据能效实绩历史数据,建立各生产工序能效或重点设备能效的数字化模型,对各生产工序能效或重点能效设备能效进行预测,结合生产计划数据制定能效供需计划,实现能效平衡分配和动态调度。

9.1.3.7 能效计划管理

按照生产计划、产品单耗及历史数据,编制各类能效(包括水、电、气、汽油等介质)的供需计划,制订能效采购计划,指导能效系统按照供需计划组织生产,向耗能工序提供所需要的能效,有效地指导能效的采购、分配及使用。

9.1.3.8 电能质量管理

电能质量管理对于监测电能质量问题、减少故障风险、提高能效系统的可靠性、保障供电连续性、改善电能消耗方式、提高管理效率、降低运行成本具有重要意义。

主要功能如图9-2所示。

系统运行监视和控制	显示整个电能质量管理系统的网络图,动态刷新显示各主接线图上的实时运行参数和设备运行状态
电能质量监视和分析	对整个系统范围内的电能质量和电能可靠性状况进行持续的监测。实时监视系统电压扰动、频率偏差、不平衡度、功率因数等电能质量问题
高精度电能计量	精确测量用户负荷和系统负荷,优化系统容量设计
电能消耗统计和分析	提供综合电能和需量统计报表功能,包含不同馈线的不同费率时段的用电量,可以进行日、月、季节、年的统计与记录,能匹配电力企业账单结构进行峰谷平统计与记录,并可以进行显示、打印和查询
报警和事件管理	可以设置在电能质量事件发生时、测量值越限、设备状态变化时触发报警
历史数据管理	基于数据库完成历史数据管理,所有实时采样数据、顺序事件记录等均可保存到历史数据库。在监控画面中能够自定义需要查询的参数、查询的时间段或选择查询最近更新的记录数,显示并绘制成曲线图

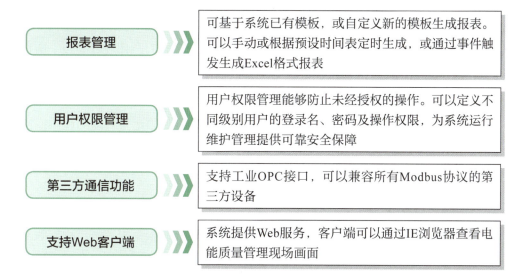

图9-2 电能质量管理功能

9.1.3.9 生产用能分析

（1）对典型耗能设备进行在线能效评估与用能分析诊断。依据国家或行业相关标准，建立设备能效模型，计算分析与评价耗能单元运行过程的用能状况，进而对耗能状况进行分析诊断，为优化生产负荷、工艺与设备节能改造提供决策依据。

（2）通过配置设备、装置或工序对象生成耗能单元，通过能效数据计算用能单元在一定周期内的用能指标参数，对比当前能效和能量损失与历史数据的变化趋势，进行深层用能分析，计算评价有效能的利用程度以及节能潜力，给出用能分析报告，为企业关键耗能装置实施节能改造提供数据支持。

9.1.3.10 能效成本管理

（1）通过企业财务系统或ERP系统获取采购能效和原材料价格及费率信息（也可手动输入），根据能效使用量计算能效成本，并进行分摊，以获取单位产品、各分支单元的能效成本信息。

（2）能效消耗可以分介质工序进行成本核算，将按照当月、生产单位、介质类型分析统计介质消耗，计算单位产品能效（单耗和综合能效）。在此基础上，企业内部横向/纵向比对能效费用，可与去年同期相比，又可计算在总成本中的比例，发掘能效指标在成本考核中的影响力。能效成本核算的分析结果可以储存到历史数据库中，根据需要系统可以提供不同选定时段的能效成本管理的可视化查看与分析。

9.1.3.11 能效实绩分析与对标管理

能效实绩管理与分析实现对全企业生产过程中能效介质的产耗进行静态平衡和实绩分析，对于企业整体用能情况进行总结、分析和评价，为企业能效管理提供决策依据和能效优化配置的数据支撑。通过对能效系统主要设备实际运行状态的描述，各种能效介质实际发生量和主要用户的使用量，能效介质放散量等运行实绩的整体描述，反映报告期内各种能效介质的生产和分配情况，实现能效供需实绩、能效平衡实绩、能效成本消耗的管理。

9.1.3.12 能效安全管理

对与能效管理相关的各类报警与故障实施安全管理，并根据报警严重程度触发启动相关操作安全管理、检修安全管理与应急处置程序。利用计算机技术和网络技术，提高企业应急信息化管理能力，加快事故应急反应能力，保障应急管理指挥过程中"信息收集全面、信息交换通畅、领导决策有据、事故处理高效"。

9.1.3.13 能效决策支持及管理

（1）能效决策支持为企业领导者提供能效管理门户，按多种形式直观有效地展示企业整体能效信息，并在分级界面提供进一步的决策支持信息，实现对能效信息的进一步钻取，根据基础能效信息和数据，进行加工和计算，得到需要的各项能效指标，进行必要的指标趋势分析，依据直观、简洁、可比性、友好性的原则，全方位提供能效信息给企业决策者，辅助其进行能效决策。

（2）主要的能效指标体系按大类可分为能效指标、成本指标、质量指标、能效实绩指标、环保安全指标，指标统计周期分为：月、季度、年。决策信息界面主要分为三级：企业级、车间级、指定能效或指定车间级，分层显示企业的精炼能效决策信息，辅助企业领导完成能效的优化管理。

9.1.3.14 系统监视功能

（1）根据企业共用动力设备的工艺流程图，制作各个专业（天然气、水、压缩空气、电、水泵、冷却塔、空压站、制冷站、供油站）的动态监视画面图。

（2）在每个专业的画面上实时显示该专业的所有参数，并能够查询每一个参数的历史记录（多种方式表现）。

（3）制作一个备用的监视画面，并做好组态，组态参数（IP地址、波特率等通信参数）和需要监视的参数（电流、电压、功率、电能、温度、压力、流量、热能等常用工业参数）可由用户自定义选择，方便后期招标方在需要重点监视某个设备时临时外挂监控仪表接入能源监控网络，记录运行参数。

> **范本** 某工厂能源管理系统建设方案

某工厂能源管理系统建设方案

1. 工厂能源管理系统初期目标

（1）工厂能源管理系统能源数据采集系统化。全厂能源监控中心通过企业现有的以太网从各能源子站PLC中获取能源数据，实现全厂的能源数据实时显示、归档，提高数据可靠性。

（2）工厂能源管理系统能源数据透明化。通过能源管理系统的计算功能将采集到的数据进行处理，并将结果通过报表、曲线等方式完全透明、准确地显示出来，方便寻找能源瓶颈。

（3）工厂能源管理系统能源数据网络化。能源管理系统可以将所有的报表、曲线甚至于监控画面完全通过Internet发布在企业网络上，各级用户可以通过IE浏览器轻松访问到需要的信息，同时也保证了数据的同步性、可靠性。

简单点说，工厂能源管理系统主要包括：数据采集（用能量、能源价格、用能形式等）、数据分析（能效、排污指数、各种KPI等）和数据发布（利于图表、趋势图等形式将分析结果转化为各种报表和预测报告等，提供给管理层做出决策）。

2. 系统网络构架

企业智慧能源管理信息系统是一整套的能源管理的解决方案，提供从硬件到软件的设备和技术措施。硬件方面，支持国内外大多数通讯采集仪表（支持OPC、Modbus、TCP/IP等协议）；软件方面，包括数据采集、实时数据、历史数据、能源管理分析数据、系统管理、数据展示、分析、控制等多个层面功能。

（1）硬件层。硬件层一般采用多功能智能仪表，实时动态采集数据并上传到数据层，二者之间通过采集软件连接。

（2）数据传输层。将底层数据通过各种协议和规约上传汇总到能源管理系统，交由系统进行处理和分析；本项目利用厂区局域网组建能源监管平台。

（3）数据层。包括实时数据库、历史数据库、能源管理数据库，是整个系统的核心基础。

（4）数据处理层。对海量数据进行存储和预处理，为分析和决策做好准备。

（5）系统应用层。包含实时监测、能效展示、集中控制、动态分析等，是整个系统的核心和关键。

（6）系统管理层。包含基础信息的配置和管理，以及整个软件的配置。

3. 系统功能

系统主要包括能耗动态监控、班组绩效对比、KPI指标、成本管理、用水用电监控、电能消耗表、生产报表等功能，系统功能界面如下图所示。

能耗动态监控　　班组绩效对比　　成本分析　　KPI走势图　　月度对标分析

水汽消耗监控　　生产运行调度　　生产报表　　电能消耗表　　设备动态管理

系统功能界面

（1）能耗动态监控。能耗动态监控用于实时监控全厂各工段能耗及主机设备的单位产品能源消耗情况，并按设定时间间隔（我企业设定为15分钟）自动生成能耗历史曲线，使操作员对该时间段内操作的能源消耗情况一目了然。

（2）班组绩效对比。班组绩效对比是根据生料、烧成、水泥不同工序，将每个班操作员的能耗情况实时统计分析出来，如对烧成操作员当班的烧成工段电耗、熟料综合电耗、台时产量、烧成工序电耗（包括了煤磨工段电耗）、标准煤耗等主要的能耗指标实时显示。

（3）KPI指标。KPI指标是以每天为单位统计分析所有主机、辅机，分工段计量其单位产品的能耗指标，通过柱状图显示每台设备或某工段设备的能耗情况。

（4）成本管理。成本管理是通过原材料的价格、每种原燃料的使用量、用电量、尖峰平谷电价等计算出每个班的生产制造成本，如生料系统，通过原材料的价格、每班所用原材料数量、每班的用电量、尖峰平谷电价计算出每班、每天、每月的材料成本和用电成本，相加得到生料生产制造成本。

（5）用水用电监控。用水用电监控用于每班、每天、每月循环水、余热发电用水、消防水、生活水的统计分析及余热发电量、全厂总用电量的实时监控。

智慧能源管理系统通过智能采集终端（电力仪表、水表、气表、低压电动机保护控制器）等设备对各类用能设备进行监控分析，统计用能设备的耗能整体情况，帮助用户直观查看设备的用能情况。

（6）报表功能。报表功能将散落在各个班组、部门的数据统一起来，帮助用户对整体的能耗数据进行横向、纵向的对比分析，消除了能耗管理上的孤岛效应，为建立能耗考核指标提供了有效的工具。

9.2 消灭浪费

9.2.1 找出浪费

节约的目的是消除"浪费",那么,首先要找出浪费。

9.2.1.1 常见的浪费类型及内容

企业中常见的浪费类型及内容如表9-2所示。

表9-2 常见的浪费类型及内容

序号	类型	浪费内容
1	原材料与供应品的浪费	(1)原材料请领太多,多余的却未办理退料 (2)现场混乱、用错原材料或是原材料放置不正确,排列不整齐 (3)缺乏有效防止原材料外流、避免损失或被偷的系统 (4)生产不良未立即停止生产
2	机械设备和工具的浪费	(1)缺乏工作计划,使机械设备未得到充分利用 (2)未定期进行检查,使机械设备未保持良好状态 (3)机械设备和工具缺乏必要的保养,任受潮湿、灰尘、锈等侵蚀 (4)小作业使用大型机械设备,重工作使用小型机械设备 (5)缺乏正确的操作,或缺乏良好纪律滥用机械设备
3	人力资源的浪费	(1)未对员工详细说明工作内容,不能使员工对工作产生兴趣 (2)未根据个人的能力、特长安排岗位 (3)未对下属的进步与个人生活表示关心,随意指责下属的过错和缺点 (4)缺乏标准工时教导的概念,缺乏人员效率管理的数据
4	时间的浪费	(1)缺乏生产作业计划,造成等待或停工待料 (2)工具、原材料等缺乏定置管理 (3)员工有在岗聊天、擅离工作岗位等不良习惯 (4)办公室文件乱放,增加管理及寻找的时间
5	空间的浪费	(1)原材料、各种不用的物品不合理摆放 (2)不良品、废弃物未及时处理 (3)不用机械设备占据空间 (4)随意放置物品在信道上,导致信道不畅

9.2.1.2　运用3U MEMO使浪费显在化

发现存在于工作现场的3U（不合理unreasonableness、不均匀unevenness、浪费和无效uselessness），使其显在化，这就是3U MEMO。

（1）3U MEMO的目的。监督者仔细观察自己的工作现场，培养洞察力，作为作业改善的着眼点。

（2）运用方法

①发现问题（不合理、不均匀、浪费）时就做记录。

②即使没有改善方案也要养成记录的习惯。

③有答案时将结果填入3U MEMO表里。

（3）应用范围

①将结果当作改善提案提出。

②作为提案用纸的附件，则更具效果。

③可利用于组织制度等的改善活动。

④可活用于QCC品管圈活动。

⑤可作为技术情报收集的横向发展。

（4）3U MEMO的填写程序。3U MEMO在填写问题点阶段，应利用5W1H，掌握定量的实际情形，如表9-3所示。

表9-3　3U MEMO表

No.	①		
部门	②	姓名	③
作业内容	④		
要点　⑤	工序　⑥	□1. 不合理 □2. 不均匀　　⑦ □3. 浪费	
日期　⑧ 略图　⑩	问题点　⑨		

续表

解决方案 ⑪		简图 ⑬	实施日期 ⑫
说明事项 ⑭	成果 ⑮		与提案的关系 ⑰
	金额 ⑯		

（5）3U MEMO实施改善手法

①目不转睛地观察5分钟。

·何事（what）；

·为何（why）；

·何处（where）；

·何时（when）；

·何人（who）；

·何种方法（how）。

②找出人、材料、设备、方法等的不合理、不均匀、浪费。如表9-4所示为3U检查表。

表9-4　3U检查表

	作业者	机械、设备	材料
勉强	（1）作业人员是否太少 （2）人员的调配是否适当 （3）能否工作得更舒服一点 （4）能否更为清闲一点 （5）姿势 （6）处理方法有无勉强之处	（1）机械的能力是否良好 （2）机械的精度是否良好 （3）计量器具的精度是否良好	（1）材质、强度是否有勉强之处 （2）是否有难以加工之处 （3）交货期是否有勉强之处
浪费	（1）有无"等待"的现象 （2）作业空暇是否太多 （3）有否浪费的移动 （4）工作的程序是否良好 （5）人员的配置是否适当	（1）机械的转动状态如何 （2）钻模是否妥善地被活用 （3）机械的加工能力（大小、精度）有无浪费之处 （4）有否进行自动化、省力化 （5）平均的转动率是否适当	（1）废弃物是否能加以利用 （2）材料是否剩余很多 （3）修正的程度如何 （4）有无再度涂饰

	作业者	机械、设备	材料
不均	（1）忙与闲的不均情形如何 （2）工作量的不均情形如何 （3）个人差异是否很大 （4）动作的联系是否顺利，有无相互等待的情形	（1）工程的负荷是否均衡 （2）有否等待的时间、空闲的时间 （3）生产线是否平衡，有无不均衡的情形	（1）材质有无不均的现象 （2）有无发生歪曲的现象 （3）材料是否能充分地供应 （4）尺寸、精度的误差是否在允许的范围之内

9.2.2　进行现场改善

找到浪费的情况后，要运用IE手法、QC手法等与同事共同商讨对策并实施。

9.2.2.1　IE手法

IE就是指Industrisal工业，Engineering工程，是由两个英文字母的前缀结合。

在现场IE里，IE七大手法包括：程序分析、动作分析、搬运分析、动作经济原则、作业测定、布置研究、LineBalance。

9.2.2.2　QC手法

QC手法有新旧之分。

（1）QC旧七大手法。QC旧七大手法指的是：检查表、层别法、柏拉图、因果图、散布图、直方图、管制图。

（2）QC新七大手法。QC新七大手法指的是：关系图法、KJ法、系统图法、矩阵图法、矩阵数据分析法、PDPC法、网络图法。

9.2.3　从细节上杜绝浪费

节约是对整理工作的补充和指导，推行的重点应该从机械设备保养、物品摆放、废物利用、环境整洁等方面进行，应该以明确的制度从上而下从细节上杜绝浪费。

9.2.3.1　落实整理、整顿工作，消除空间上的浪费

（1）彻底落实整理、整顿的各种动作。

（2）不断的整理、整顿和检查，清除不需要的物品，重新检讨空间布置的合理

性，消除空间上的浪费。

9.2.3.2 遵循时间的科学使用法，提高工作效率

（1）消除"拿起""放下""清点""搬运"等无附加价值动作。

（2）避免"寻找""等待""避免"等动作引起的浪费。

（3）制定合理作业标准和工作标准，严格执行，提高工作效率。

9.2.3.3 制定合理的资源使用标准，减少浪费

（1）减少库存量，排除过剩生产，避免零件、半成品、成品在库过多。

（2）避免库房、货架、天棚过剩。

（3）避免卡车、台车、叉车、运输线等搬运工具过剩。

（4）避免购置不必要的机器、设备。

（5）避免出现多余的文具、桌椅等办公设备。

9.2.3.4 细节上的具体措施

（1）环保回收、循环再用

①垃圾分类存放（化工类、塑料类、纸类等），如图9-3所示。

②设立环保纸箱。

③申领消耗品、文具等实行以旧换新制度。

④制定节能降耗计划。

垃圾桶放到规定区域里，且因种类不同而以不同颜色来区分，有利于废品回收、再利用。

某企业对可回收、不可回收、危险废物类、专用类垃圾做了统一的划分，且将垃圾桶做严格的颜色区分。

图9-3 垃圾分类存放

（2）工作用的物品合理分配和利用，如：一套工具／文具／一页表格。

①每位职员应配置一套适宜的文具，如图9-4所示。

②每位修理工有一套适用的工具。

③实施一换一制度。

> 一人一套文具，且都做好定置工作。

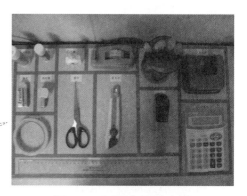

图9-4　配置文具且定置

（3）减少用水、用电

①贴出节约用水、电的提示，如图9-5所示。

②将电源开关标上记号，避免开错开关乱用电。如图9-6所示。

③空调设定合适的温度指针和时段，如图9-7所示。

> 节电的温馨提示，控制区及责任人都非常清楚。

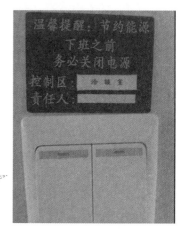

图9-5　节电提示

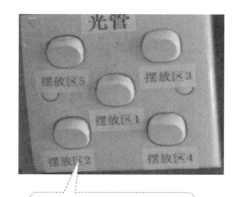

> 各区域的开关标出来，就不会按错开关造成用电浪费。

图9-6　开关标记

> 空调合适温度指标和时段标示出来。

图9-7　空调设定合适温度指针和时段

9.3 开展节能降耗活动

9.3.1 对消耗品采取以旧换新方法

为杜绝浪费、控制生产成本，要特别加强消耗品的使用管理，提高消耗品的有效使用效率，为此，可以采取以旧换新的方法来加以控制。而为使以旧换新能更好地执行，最好制定以旧换新制度，确定以旧换新的物品范围、责任人员、标准、工作流程及不执行的处罚规定。同时，可以将以旧换新品项明细用广告牌的形式公示出来，如图9-8所示。

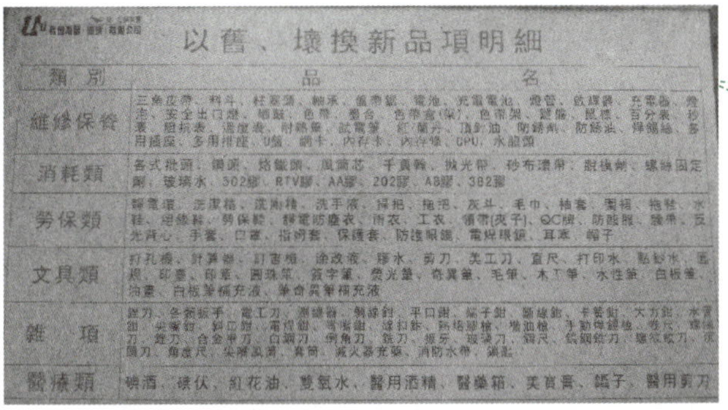

> 将可以以旧、坏换新的物品类别及品名在公告板上公示出来。

图9-8 以旧换新明细

下面是某企业以旧换新之消耗品管制办法范本，供读者参考。

范本 以旧换新之消耗品管制办法

以旧换新之消耗品管制办法

1. 目的

规范公司消耗品请购、领用及使用状况具体化、明确化，提高消耗品有效使用率，减少库存，降低消耗品使用成本。

2. 范围

公司各单位所使用之消耗品均属之。

3. 权责

3.1 各使用单位

3.1.1 负责对本单位消耗品需求用量及明细进行统计，填写每月总工务用品预算表。

3.1.2 负责本单位消耗品领用及发放、记录工作。

3.1.3 负责本单位消耗品以旧换新物品回收及更换作业。

3.2 总工务采购

3.2.1 对各单位总工务用品预算表及费用进行汇总、统计。

3.2.2 对每月各单位领用消耗品进行合理采购。

3.3 总工务仓

3.3.1 对各单位每月用品预算表之明细、数量进行统计、汇总。

3.3.2 负责对厂商送货进行验收、核对之工作。

3.3.3 负责对各单位总工务用品之发放、账目处理。

3.3.4 负责对以旧换新物品进行更换、核对工作，并将旧物品放入指定的回收区域内。

3.3.5 负责对各单位每月领用物品进行全额统计制表。

3.4 会计

3.4.1 对各单位预算之总工务用品金额与目标金额的审查。

3.5 企划稽查

3.5.1 对各单位消耗品使用状况及以旧换新物品的状况稽查。

3.5.2 对消耗品浪费的异常状况进行追踪、处理。

4. 定义

以旧换新物品：是指日常生产及办公消耗品在使用中或使用后能有留下实体或部分配件之物品，其领用时需要将原物品实体回收更换新物品。包括文具消耗品、计算机耗材类、总务配件/机器零件类等。

5. 内容

5.1 作业流程图

略。

5.2 使用单位进行消耗品之预算统计。

5.2.1 单位助理于每月月底前进行统计下月总务用品用量，并制作预算表经单位主管签核后交于采购。

5.2.2 日常消耗品属以旧换新物品，均需在预算表中备注栏中注明以旧换新物品。

5.2.3 单位主管在审核时需了解预算物品之价格、数量，确定是否需申购。

5.2.4 属临时急用之物品且预算表中未进行预算之部分，可填写请购单，经单位主管签核后交于采购，采购按流程呈报作业。

5.3 预算查核及采购作业

5.3.1 各单位将单位主管审核之预算表交总工务采购进行试算金额。

5.3.2 采购按预算中各物品单价，汇总各单位预算金额交会计进行审查。

5.3.3 项目部根据各单位年度（季度）预算目标金额确定各单位本月预算费用，超出目标退回现场重新预算。

5.3.4 项目部审查符合预算目标内之费用，呈生产中心主管进行核准。

5.3.5 采购依据核准之各单位预算物品，进行采购作业。

5.4 验收处理

5.4.1 总工务仓管员根据采购单、厂商送货单进行验收作业。

5.4.2 不符合请购单上数量、规格、品牌等项目之送货单进行退货处理，要求厂商重新送货。

5.4.3 部分实物，若总务仓管员无法判定厂商所送物品是否与现场预算物品一致，可通知现场人员到总务仓进行检验。

5.4.4 总务仓验收以后进行账目处理，并知会请购单位开单领料。

5.5 领料及以旧换新作业

5.5.1 请购单位根据预算表中核准物品及其数量开立《物品领用单》，经单位最高主管核准后，到总务仓进行领料作业。

（1）属文具耗材类须经单位主管及总务仓人员确认，方可进行以旧换新。

（2）属计算机耗材类须经单位主管及电脑维修人员确认，方可进行以旧换新。

（3）属总务配件、机器零件类需经单位主管及机修确认，方可进行以旧换新。

5.5.2 属以旧换新物品，使用单位未将回收物品退回总务仓时，则不予发料。回收物品数量与领料单上领用数量不符时，则依回收物品数量进行发料。

5.5.3 非以旧换新物品按预算表中核准数量发放，以旧换新与非以旧换新物品领用需分开填写《物品领用单》。

5.5.4 总务仓发货时需与预算表之明细进行核对，以免多发或错发其他单位。

5.6 回收之以旧换新品须按《报废管制程序》要求将回收品进行处理。

5.7 项目部将不定时对以旧换新物品进行稽查作业，并对没有按要求作定之状况进行追踪处理。

9.3.2 开展修旧利废活动

修旧利废活动是加强企业管理，减少浪费、降低成本费用的有效途径。企业要鼓励各车间自主创新，修旧利废，小改小革，并做好记录。同时，为使这项工作有持续性，要制定相应的实施细则，确定修旧利废管理标准的职责、内容、要求及奖励与考核标准。

下面是某企业修旧利废申请及验收单和修旧利废实施细则范本，供读者参考。

范本　某企业修旧利废申请及验收单

修旧利废申请及验收单

填报部门：　　　　　日期：＿＿年＿月＿日　　　　　编号：

修理设备名称、规格型号	（申报）	制造厂家	（申报）	修复设备质量跟踪	
设备原值	（经营部管理部）	实际耗用材料费用	（申报）	投用日期	（经营管理部）
预计修复费用	（申报）	存放地点	（经营管理部）	安装部位	（经营管理部）
修理设备的班组或个人		申报部门领导签字		使用部门或安装人员	（经营管理部）
修理内容及耗用材料（申报）	修旧验收（生产管理部专工）	机械类90天使用情况（生产管理部专工）		电子类180天使用情况（生产管理部专工）	
修旧利废申请鉴定意见	（鉴定人员签字）	修旧利废验收意见		（验收人员签字）	
生产管理部主任意见	签字同意后开始修理工作				
经营管理部主任意见	验收后签审执行奖励				
生产副总经理签批	验收后签批				

> **范本** 修旧利废实施细则

修旧利废实施细则

1. 目的

为充分调动公司员工修旧利废的积极性，在保证设备健康运行前提下，提高废旧物资的综合利用率，降低生产成本，不断提高企业经济效益，结合实际情况，特制定本细则。

2. 适用范围

适用于公司修旧利废管理工作，修旧利废是针对因检修、改造等各种原因拆卸下线的阀门、泵类、工器具、仪表、电机等所有生产设备开展的修复再利用工作，要本着"经济合理、保证质量、统一管理、优先使用"的原则，有针对性地开展工作。

3. 职责

3.1 经营管理部是修旧利废管理工作归口管理部门。负责修旧利废管理办法的制定，并对修旧利废管理办法的执行结果进行检查及奖励与考核。

3.2 生产管理部负责对交旧物资的鉴定和物资修复后的验收工作。

3.3 其他相关部门（设备维护部、发电运行部、燃料部、化水部、燃料质检中心等）负责对交旧物资申报和可利用旧物资申请。

4. 修旧利废程序及规定

4.1 修旧利废按照以下流程进行。

4.1.1 各部门可随时向生产管理部提交《修旧利废申请及验收单》；生产管理部应在2个工作日内完成鉴定工作。

4.1.2 经生产管理部鉴定可由检修部门自行修复的物资，检修部门指定修复负责人开始工作。可能会产生重大影响的关键设备，检修部门须编制修复方案由生产管理部组织专家论证、审批。

生产管理部应在2个工作日内完成验收工作，验收合格填写《修旧利废申请及验收单》后，由检修部门交经营管理部指定仓库代管备用。

4.1.3 经鉴定为无法修复或无修复价值的物资（修理费超过新品价值的50%；特殊情况除外），按《物资管理制度》交旧物资，执行相关奖励政策。

4.1.4 经鉴定修理费较高但仍有部分利用价值的物资，交经营管理部指定仓库代管。

4.1.5 经鉴定不能自行修复可外委修复的，且修理费用小于新品价值50%的物资，由经营管理部外委修理加工，操作程序按《物资管理制度》执行。

4.2 修旧利废需零配件的单独申报材料计划（程序按物资管理制度执行），费用列支修理费。

4.3 各部门应优先领用修复物资，凡拒绝领用者应说明理由，经生产管理部批准方可执行。

4.4 各部门应对修旧利废工作进行专项管理，建立台账，经营管理部负责编制月度《修旧利废统计表》上报公司备案。

5. 奖励与考核

5.1 经营管理部每月10日前根据各部门修旧利废情况向公司申报奖励，奖励标准如下。

5.1.1 奖励计算公式

奖励＝节约值×系数＝（修后价值－修前价值－修理成本）×系数

修后价值＝物资原值×80%

修前价值＝物资原值×50%

修理成本＝修理中发生的材料费用

5.1.2 节约1000元（不含1000元）以内按30%奖励；节约1000元（含1000元）至5000元（不含5000元）按20%奖励；节约5000元（含5000元）至10 000元（不含10 000元）按10%奖励；10 000元（含10 000元）以上按8%奖励。

5.1.3 经验收合格后首先提取奖励金额的80%用于奖励参与修复的班组和人员，质保期满时发放余额，在质保期内出现质量问题的，不再发放修旧利废质保金。

5.1.4 公司年终进行修旧利废工作总结，对优秀部门及管理人员一次性奖励。

5.2 修旧利废的质保期：自安装之日起计算，机械类设备90天，电子类设备180天。

5.3 各部门修旧利废弄虚作假的，发现一次考核100元。

9.3.3 加强节能降耗教育

（1）新员工入厂教育应有此节能环保的内容。

（2）各部门工作规范中应有具体要求，并以制度的形式规定出来。

（3）加强宣传力度，普及节能知识。

下面是某企业行政部节能环保规定范本，供读者参考。

范本 行政部节能环保规定

行政部节能环保规定

1. 目的

加强宿舍、办公室及员工储物室的管理，以减少固体废弃物，降低用电及用水量，另向员工推广环保意识，避免损害环境。

2. 适用范围

2.1 要弃掉的固体废弃物。

2.2 办公室设备及电器的用电量。

2.3 用水。

3. 职责

3.1 行政部经理

3.1.1 确保员工掌握了解在办公室及员工活动范围内管理废弃物、节约能源与用水的规定，并且照章执行。

3.1.2 每月举行会议，以获取员工的回馈意见及解答他们查询。

3.1.3 工程维修所用的材料必须为环保型。

3.1.4 消毒杀虫的药剂应是对环境无污染无毒害的药剂。

3.1.5 冲洗车辆要节约用水，不能长期开水阀。

3.1.6 为员工筹办环境意识课程。

3.1.7 保存及管理有关记录。

3.2 经理助理负责

3.2.1 审核及监测人力资源部的例行活动。

3.2.2 检查适当的告示是否清楚可见，并张贴在正面的位置。

3.3 员工

所有员工按照已制定的制度，管理废弃物、节约能源与用水。

4. 节能环保规定

4.1 物料及废弃物

4.1.1 张贴制成品的废弃物

（1）应减少使用不可循环再造的无碳复写纸。

（2）应停止使用不必要的表格，并考虑是否可以缩小表格的面积，或把功能相近的表格合而为一。行政部经理应向采购部提出建议。

（3）员工应尽量用计算机预览草稿而不作打印，打印应尽量双面打印。

（4）应尽量减少用做存档的印件的数量。

（5）应避免不必要的复印。复印前应检查清楚所需的份数，然后在复印机上输入正确的数字。

（6）尽量双面复印。

（7）在复印机旁放置两个有标签的纸张收集盒。一个用来收集可再次使用的纸张，另一个盒（废纸回收盒）用来收集废纸，以备回收再造。

（8）可以把已经单面使用的纸张剪成较小的纸张，当作便条或草稿再次使用（记有机密数据的文件除外）。

（9）员工应携带自己的水杯，以减少使用纸杯。

（10）应把无用的报章、杂志、印刷品扔进有标签的废纸回收盒内。

（11）已经使用的信封可供内部通讯使用。另外，应先除掉信封的胶条，然后才把信封放进废纸回收盒。

（11）一些完好的纸皮箱、活页夹、硬纸夹或纸盒，用以供存档或储存文件。另外剩余的又可再次使用的文件箱或硬纸夹及其他可以储存文件的纸箱应送中央仓库，供其他部门提取使用。

（12）就内部通信而言，在可行的情况下，应尽量使用无纸办公系统，可通过计算机网络、布告板及传阅文件来传送信息。不需打印副本给每名员工，以此减少用纸。

（13）就对外通信而言，在可行的情况下，尽量使用无纸办公系统，把数据放在酒店互联网页上，或利用电话、电子邮件或计算机的传真功能发送信息。

（14）传真文件时，把收件者名称写在首页便不需附以首页覆面。

（15）定时更新邮递名单，以免投寄信件至错误的地址。

（16）邮寄非机密的资料时，应在信封面印上"印刷品"，以降低成本。

（17）不要寄走纸卡（如给员工生日卡及客人的贺卡）。每月可在布告板上张贴员工生日名单。另可通过酒店的互联网页或电话向客人道贺。

（18）张贴客人须知的数据在公众地方，如客人电梯内，不用分发信件给每位客人。

（19）制定一套控制文件的系统，定期丢弃过时的文件。

（20）在办公室墙上张贴节约用纸的告示，提醒员工不要浪费。

4.1.2 其他用品造成的废弃物

（1）可再次使用的碳粉盒配合激光打印机使用，空的碳粉盒应交还供货商再次使用。

(2）再次使用一般办公文具，减少浪费。
(3）可行的话，应使用不含汞或可充电的电池。
(4）删除硬磁盘及磁盘内所有过时的档案，磁盘只应用来转移档案。
(5）收集已使用的私人购物袋再次使用。

4.2 用电
(1）关掉不需使用的照明设备及空调系统。
(2）每三个月清洁固定的照明装置，以改进照明设备的效用。
(3）关掉不需使用或无须长时间开着的电器。
(4）在预算许可的情况下，选用高效能的设备及产品，并以此代替已损坏或低效能的设备。
(5）在预算许可的情况下，安装自动定时器，以便有效控制电力装置的开关。
(6）在员工布告板上张贴海报，让员工注意节约能源的重要性。

4.3 用水
(1）员工用水后应确保拧紧水龙头。
(2）遇有水龙头漏水、厕所滴水及其类似的问题，员工应立即通知行政部安排人员修理。
(3）在员工布告板张贴海报，让员工注意节约用水的重要性。

9.3.4 采用先进的技术成果节约能源

在工程设计或工程改造中要选用先进的节能型设备，特别是耗能较大的设备，因为一旦投入使用，再想改造难度很大，所以设计上的失误会造成很大的浪费。在已投入使用的情况下，要有计划地逐步使用新材料、新工艺和新技术，通过不断的技术革新降低能源的消耗。

9.3.4.1 节约用水

(1）员工浴室应采用节水开关。
(2）在保证能将污物冲净的前提下，减少马桶水箱的储水量，搞好蒸汽冷凝水的回收工作。
(3）采用磁芯快开水嘴或感应器控制的节能式水龙头或混水器。

9.3.4.2 节约用电

(1）采用高效的节能灯代替白炽灯泡。

（2）采用光控技术和时钟继电器控制室外照明灯的开闭。

（3）三相水泵电动机安装变频器。

（4）严格控制制冷机的开放，尽量利用室外新风。

（5）做好空调冷冻水的管道保温，减少冷量损失，因为冷量是用电量换来的。

（6）确保空调自动调节控制设备灵敏、有效和可靠，以减少冷（热）量的浪费。

9.3.4.3　节约天然气

（1）调整好锅炉的气门和风门，使其处于最佳燃烧状态，降低天然气的消耗。

（2）调整好灶台的风、气配比，减少天然气浪费。

（3）控制好生活用水和空调采暖用水的供水温度，因为水温越高，热量损失越大。

（4）做好蒸汽管道和热水管道的保温，减少热量的损失。

（5）搞好蒸汽冷凝水回收工作，节约天然气。

9.3.4.4　节约用纸

节约用纸可以开展无纸化办公，要求如下。

（1）每个部门每天至少应浏览本部门邮箱4次，以确保文件传收的及时性。

（2）如果传递的是通知性文件，文件应加设密码避免文件被修改。

（3）如果传递的为引用性文件，文件可不设密码，便于其他部门引用。

（4）每个部门应及时从邮箱中将本部门的信件取出，以减少占邮箱的空间。

（5）各部门邮箱内的邮件超过七天，将被计算机自动删除。

（6）每个利用邮箱传递的文件应确保与存档备查的文件内容一致。